共和国科学拓荒者传记系列

罗沛霖传

Luo Peilin Zhuan

冉淮舟／著

中国青年出版社

目　录

第一章　初航　/1

　　扬起征帆　/1

　　远离家乡　/6

　　第一个创新　/13

　　春天的约会　/16

第二章　热流　/24

　　战争来了　/24

　　奔腾的长江　/29

　　到延安去　/35

第三章　圆梦　/43

　　　　圣城　/43

　　　　盐店子　/53

　　　　依依惜别　/60

第四章　雾中　/64

　　　　去重庆　/64

　　　　月有圆时　/78

　　　　又一个创新　/89

　　　　抗战胜利　/95

第五章　异国　/106

　　　　博士生　/106

　　　　新中国成立了　/116

　　　　祖国在召唤　/121

第六章　新天　/131

　　　　一切都变了　/131

　　　　一个工业基地的诞生　/142

　　　　远大的规划　/150

　　　　在产业和学术两界奔波　/155

第七章 暗日 /160

　　运动来了 /160

　　家分五处 /167

第八章 宏图 /177

　　电子数字化 /177

　　视听万里 /181

　　迷幻的信息 /187

第九章 晚晴 /196

　　科技使者 /196

　　实现心愿 /202

　　电子世家 /207

附录 罗沛霖年表 /213

第一章
初 航

扬起征帆

罗沛霖在上海交通大学电机系学习四年后毕业，压在他心头八年的那桩很不愉快的婚事，可以着手解除了。他走在校园里，连着长长地舒了几口气。路旁的花草，显得格外鲜艳。有几只鸟儿，在树木的枝叶间跳来跳去。天空异常晴朗，天边有几片白云，这是入夏以来少有的好天气。此刻，罗沛霖觉得自己就像是一只新造的小船，要在奔腾的河流里扬帆远航了。他看看表，图书馆还不到关门的时候，于是他便走到那里，找了一个僻静的角落坐下来。然后，他又从书包里拿出纸和笔，准备写一封书信。他想起去年病逝的六姐，六姐有个南开中学的同学，叫郭纪纲，留学日本，懂得法律，在天津做律师业务。他便给郭纪纲写了一封信，诉说自己不幸的婚约。那是他上初中二年级，才刚14岁的时候，一天放学回到家里，父母把他叫到跟前，向他讲了要给他订婚的事。他一听就急了，他那不受约束、渴望自由的性格，以及受五四新文化运动反封建思想的影响，使他绝不能接受这种由家庭包办的婚姻。还有四姐拒婚不嫁做了他的前例。他对父母说：

"婚姻，这是我个人的事，怎么能由家庭包办呢？"

"什么？"父亲一听就来了火气，"儿女的婚事，就得由父母决定。这是孔夫子的道理，天经地义，古来如此。你想改了章程，妄想！"

罗沛霖本想反驳，但父亲表情竟是那么严厉，不容他再发表什么意见。他只好暗暗下了决心，不管女方条件如何，反正他是不能接受这桩婚事。他相信，早晚是会把婚约退掉的。

现在，罗沛霖请求郭纪纲给他出主意，如何按照法律程序，干净利落地办好这件事情。郭纪纲很快便写来了回信，介绍罗沛霖去找一位上海朋友，叫濮舜卿，在上海法政大学教书，同时从事律师业务。罗沛霖拿着郭纪纲写的介绍信，去找了濮舜卿。濮舜卿很热情，一口答应下来，并且嘱咐罗沛霖要尽可能做好家里的工作，以便配合司法部门，顺利解决问题。

罗沛霖的父亲已于这年春天去世，家里还有年迈的母亲，他解除婚约，必然会给孤寂的母亲又一次打击。他不愿让母亲伤心，但解除婚约的事又不能再拖下去，他就是不为自己考虑，

上海交大读书时

也要为女方着想,不能再继续耽搁人家。于是,他给五姐写了一封信,说明准备办理这件事,希望她能够帮助做母亲的思想工作。五姐回信,表示反对,她要求罗沛霖不要这样做。还说,她现在也没法帮这个忙,她正怀着孕,不方便。没有别的办法,罗沛霖只好又去找了濮舜卿,说解除婚约的事再等一等,他先安排一下自己的工作。

这是1935年7月,罗沛霖还不满22岁。他是1913年12月30日出生于天津,第二年,便随父母移居北京。他的家庭,在他祖父一代,还是寒素的。祖父给天津士绅王某做账房先生,因为这种关系,父亲才得以附读王氏家塾学习文化。父亲叫罗朝汉,后来进了电报界,当了电报生。父亲和舅父20世纪初在天津共同创办的电报学堂,是中国北方最早培养电信人员的场所。在罗沛霖读小学时,父亲已经当上了北洋政府的北京电话局局长。1920年春天,罗沛霖满七岁时插班上小学一年级,在有名的北京师范大学附属小学。五四新文化运动刚发生半年多,正是高潮时期。北京师范大学在运动中是走在前边的，附小也不例外，二年级就改教白话文，夹一些文言文，也只占三分之一。而且，学制很快便改为六年。父母似乎并不注意罗沛霖幼年的学习，只顾公务应酬，吟诗作画。母亲教罗沛霖读《孟子》，但他不感兴趣，总是背不下来。母亲倒也不勉强他。还教他读白居易的诗，特别是新乐府，这他倒是比较喜欢。罗沛霖的记忆力虽然不错，但背诵能力却始终不佳。在学校和一些同学议论，反对读经，也反对背诵。

尽管罗沛霖生长在一个对他多少有些放任的富裕家庭里，但社会上的一些现象还是不断地触动着他的心灵。在封建礼教的统治下，他那抗婚不嫁的四姐，终于抑郁而死；和早夭的妹妹差不多年岁的小丫鬟被鞭笞流血；"三一八"事件时，有客人造访他家并带来大学生被残酷枪杀的消息；大街上青年人举着小旗骑在石狮子上宣传抵制日货；军阀混战使他家多次搬来搬去，不得不到天津"逃反"；由于灾荒，街头上出现许多流离失所的难民……这一切都给罗沛霖强烈的刺激，留下永不磨灭的印象。显然，受父亲职业的影响，罗沛霖从小就对无线电和电信技术产生了兴趣。他家住在北京厂甸的电话南局旁边局长宿舍，他到局里接线室看过。南局建无线电时，立了二三十米高的两个木杆，杆与杆之间拉了两根电线，罗沛霖想，这就是接收台的天线吧。这以前他家住大木仓北京电话西局，在材料场边，他看到过工人测试古河公司的电话电缆。他对无线电和电信技术的爱好，可能从这个时候就开始萌芽了。

1924年冬天，父亲卸任回天津，罗沛霖插班入河东区行宫庙小学。在整个小学期间，无论是课内上课，还是考试，对罗沛霖来说，似乎只是例行过程，但成绩总是很好。他的一部分时间和精力，都用于他感兴趣的课外读物和课外活动上。

小学毕业后，罗沛霖考入国内非常有名的南开中学，那也是周恩来的母校。他还是和上小学时一样，对上课说不上用功，常是心不在焉，但分数却和上小学时大不一样，不是很好，而是很差。因此，他不得不经过重新考试，才能获准入二年级。初中三年级的数学，也曾经过补考。然而，罗沛霖却如饥似渴地阅读着各种课外书籍，从《呐喊》到《饮冰室文集》，从茅盾的小说、曹禺的戏剧到《红楼梦》《西游记》，从易卜生的戏剧到林译的《说部丛书》，从剑桥大学的物理教科书到中文的微积分、电机设计、内燃机原理等。父亲与舅父创办的电报学堂，已由罗沛霖的堂兄罗椿林任校长。因为这层关系，罗沛霖使用学校的电流计、电表等，也就很方便了。他自己还做了无定向检流器，然后便自己动手重复许多前人做过的电磁学实验。他参加了南开中学的无线电社，成为一名无线电爱好者。他做过矿石收音机和单管收音机。而且每天下课后，他还总是和一个年龄比他大一点的细木工一起，跟他学习锯、刨、雕、凿等劳动技艺。

中学毕业后，按罗沛霖的学业、考分，不需考试即可进入南开大学。但因为他已决心要入电机系，并想躲避婚事的缠扰，远离家乡，所以报考了上海交通大学。交大也是一所名牌大学，当时也只有这个学校才有电机系。罗沛霖同时还报考了清华大学的机械系。这两个学校考试时，罗沛霖总是最早交卷，结果

1930年17岁

都录取了，而且名次都还比较靠前。

入大学后，罗沛霖仍然是过去的老习惯，不重视听课和作业。只在考试时念一下，大约也能把课本念到百分之六七十，比教师所讲不少，而且是读一句懂一句。只不过和教师所讲不完全重合，所以尽管一年级很出色，总分数还是较差的。罗沛霖毕业获工学士学位。但他拒绝去照那张毕业相，因为必须要戴一顶学士帽，他认为这很滑稽。

虽然一时还不能解除婚约，但罗沛霖并未急躁。他一心想着，抓紧时间把工作安排好，自己有了经济实力，也就有了独立生活的能力，解除婚约也就水到渠成。

远离家乡

本来，学校分配罗沛霖去铁道部南口机厂做电力工作，但是他不想去，他想做电讯工作。再说，他也不愿离天津近了，那样会给他解除婚约带来麻烦,他要远离家乡,摆脱干扰。他去找院长,请求分配电讯部门的工作。院长对学生们的要求,总是尽量满足。他说:

"贵州要一个人,就是偏远些。"

"偏远,我不怕。"罗沛霖说。

"五十元一个月。"院长又说,"你去不去?"

罗沛霖想了一想,觉得工资少了些,却也不好马上拒绝,便说:

"我看看吧。"

实际上,罗沛霖是不想去贵州。他想找一个待遇高一些的职业。这时,姜长蓄来找他,带来了招工消息。他和姜长蓄在南开中学无线电社一起参加活动。姜长蓄比罗沛霖早一年,但因养病一年,在交大同年毕业。姜长蓄已经在上海中国无线电业公司找到工作。那里的工程师王端骧,罗沛霖和他见过面,是在一次吃饭时经同学介绍认识的,也是南开中学毕业生,在交大比他们早毕业五年。姜长蓄听王端骧说,广西南宁无线电厂厂长吕焕祥来上海招人。吕焕祥也是上海交大校友,和王端骧的哥哥同班,还带来了王恩泰,原来是上海中国无线电业公司的工人。吕焕祥请王端骧帮忙介绍人。姜长蓄告诉罗沛霖的正是这个消息。罗沛霖听了自然高兴,便请王端骧介绍和吕焕祥见面。从吕焕祥处得知,他们这个无线电厂属李宗仁、白崇禧的国民政府第四集团军。李宗仁、白崇禧两位将领正在励精图治,吸纳人才,很欢迎罗先生这样品学兼优的人才去一展宏图。罗沛霖知道李宗仁、白

崇禧是反蒋介石的,这时对他们还没有恶感,听说那里励精图治,自然很感兴趣。他心想,至少可以去观察观察。吕焕祥说:

"就是路远,南宁也不比上海繁华。"

"这没什么,四海为家嘛。"罗沛霖说。他想到自己不幸的婚约,离家远些更好。

"待遇是少校技士,每月薪金一百三十五元小洋。"吕焕祥又说。

一百三十五元小洋,超过一百元大洋了,这个待遇可不低,对刚刚毕业的罗沛霖来说,自然有吸引力。但对少校技士,罗沛霖却有些想法,他问:

"这是军职吗?"

吕焕祥一时不知如何回答,他还判断不清罗沛霖的态度,究竟是喜欢军职,还是厌恶军职。他沉了沉,想观察一下罗沛霖的心理。这时,罗沛霖又接着问了一句:

"穿军装吗?"

"愿穿就穿,不愿穿就不穿,总之和军人还是不一样。"吕焕祥说,他猜出了罗沛霖的一些心思,又问了王恩泰一句,"王师傅,是这样吧?"

"是,是。"王恩泰说,"我有军装,可是我没有穿过。当工人,穿那服装,不自在。"

罗沛霖这才放下心来,他认为现在国民政府的军队,已经不是北伐时代的革命军。北伐时代,革命军是打倒军阀,打倒列强,现在变了,有的参与剿共,对日本帝国主义采取不抵抗政策。他是不会参加这种军队,穿这种军队的服装的。听了吕焕祥和王恩泰的话,他想既然可以不穿军装,那就勉强不算军人,终于答应下来,并和吕焕祥、王恩泰商定了动身的日期。他没时间回天津家里去看一看,也不想再回去惹麻烦。几个月前父亲去世,他曾回去过一趟。他要到舅父家看看,舅父寓居上海,他在交大读书期间,经常去那里。这次到南宁去,可谓远走高飞,难说何日再见舅父一面。舅父叫孙洪伊,清末秀才。因大力捐资办学,成效卓著,成为天津教育界的知名人士,被推选为直隶省咨议局议员。与孙中山合作,是同盟会及早期国民党党员,参加了辛亥革命。在孙中山支持下出任北洋政府内政部长,因力主遵循孙中山政治主张,被排挤离职。又因反对袁世凯,几乎被扣押,还多次被北洋军阀谋刺和迫害。孙洪伊对第一次国共合作曾做出积极的贡献。孙中山在广州就是经过他联系,与李大钊在孙洪伊上海寓所第一次会见。李大钊与孙洪伊称得上是师生关系,李大钊曾在北洋法政学校读书,孙洪伊是北洋法政学校的捐资者,又是校董。孙洪伊不仅保护过李大钊幸免于难,李大钊在法政学校毕业后,也是由孙洪伊等资助,留学日本,入东京早稻田大学学习。孙洪伊在广州曾任孙中山领导的军政府的内务部长,并被派任驻沪代表军政府联系各派政治力量。"四一二"国民党叛变后,孙洪伊被蒋介石通缉。"九一八"事变后,孙洪伊力主抗战。但终因政治抱负不得实现,态度消沉。罗沛霖每次去看望舅父,孙洪伊总是感叹说:"革了那么久的命,死了那么多的人,还是这么个样子。"对蒋介石极为愤恨。

罗沛霖告诉舅父，他要去南宁工作。舅父没说什么，但他要给李宗仁、白崇禧写封信，请他们予以关照。后来，罗沛霖没有去舅父那里取信，也就没有再向舅父告别。罗沛霖想，既然南宁方面要他去工作，就不必再介绍了。至于到那里以后如何开展工作，这就要靠自己的努力，不能凭借关系，不能依赖别人。再说，罗沛霖此去南宁，是为了远离家乡，并没有长远打算。对当地政府，他想持一种观望的态度，并不愿和他们陷入过深的关系。到了南宁，王恩泰带罗沛霖去第四集团军无线电厂，便留下工作了。罗沛霖仍然穿的是自己买的灰布中山装，他没去领军装，自然也就没穿军装。他暗自思忖，能在这里待多久，还要看一看情况再说。

第四集团军无线电厂规模很小，只有十来个人。罗沛霖自从来到南宁以后，便留心了解第四集团军的情况。他感到这里问题不少，似乎已经闻到了硝烟火药味，新的蒋桂战争可能很快爆发。他既然在思想上根本没有入伍，也就没有必要在这里待下去。虽然在这样短的时间，又下令升任他为技正，这只是空名拉拢。技正应是中校，中校才能长工资，他仍是少校，工资未动。其实，就是长了工资，就是再升任什么，他也不会在这里待下去，离开这里的决心是下定了。但是，他还不能公开提出，如果提出被拒绝，就反而走不成了。他想寻找一个机会。再说，离开这里以后再到哪里去，他心里还没谱，也需要做些准备。

转眼就到了春节期间，王端骧为了拉广西广播电台的业务，来到南宁。罗沛霖既然是在广西工作，他要尽地主之谊，便租了条小船，陪王端骧游览邕江。王端骧自然问到广西的情况，罗沛霖说：

"这里已经没有一点孙中山革命、北伐革命的那种气息，所谓励精图治，充其量不过是做些无关痛痒的改良而已。"

"你说的革命是什么？"王端骧说，"阶级斗争，流血，牺牲，像共产党南昌起义，像俄国十月革命那样？"

王端骧是个忠厚的人，希望过一种比较平静安定的生活。他并不反对共产党，也有一些进步的朋友，但他主张改良，让社会逐渐发生变化，平稳过渡。罗沛霖却认为必须经过革命才能解决中国的问题，但他没和王端骧进行争论，只是各抒己见，他只是向王端骧表示，对广西并不满意，想离开这里。

"也好。"王端骧说，"回上海吧。"

"在上海做什么？"罗沛霖像是自言自语地说。

王端骧又伸出了友谊之手，说：

"就到中国无线电业公司，好吗？"

"当然好了。"罗沛霖很感激地说，"有你这位老学长在那里关照，我会好好干的，不让老学长失望。"

关于回上海的时间，罗沛霖对王端骧说还要从长计议，稳妥行事。王端骧拉了广西广播电台业务的项目，就先行回上海了。就在这时，电台的小杜，这是罗沛霖在教导团讲技术课时的一个学员，他告诉罗沛霖，说他要跟着电台到湖南全州去。罗沛霖似乎预感到了什么，便紧着追问：

"到全州去干什么？跑那么远的路。"

"这你还不明白吗？"小杜神秘地小声告诉罗沛霖说，"要打仗了。"

罗沛霖没再多问，心想当务之急是要设法离开这里。

终于，离开南宁的机会来了。第四集团军司令部无线电总台上校台长周承镐到香港采购电讯器材，同时还要在广州参观一个电讯器材展览会，点名要罗沛霖一起去。罗沛霖听说后，暗自高兴，心想正好这是个机会，可以趁此溜走。到广州，先看展览会，有美国海因茨·考夫曼厂生产的发射用电子管，看不见消气剂而能保持高真空，用反射板极代替栅极，给罗沛霖留下了很深的印象。然后，他又随周承镐到了香港，他尽量和周承镐周旋，留下好的印象，以便离开时请他高抬贵手。当完成采购器材的任务后，罗沛霖便向周承镐提出，他想去上海一趟，因为离开上海的时候很匆忙，有些事情没有来得及处理；还说舅父病重，他也应该回去看望。周承镐一听，感到有些为难，因为他并不负责无线电厂，他只是无线电台台长，罗沛霖这次出差，也是他借用来的，应该把他带回南宁，完璧归赵。如果在罗沛霖回上海期间，出点什么差错，他总是有些不可推脱的责任。看周承镐有些犹豫，罗沛霖说：

"周台长，这点事你还不能做主吗？"

"因为我是台长。"周承镐说，"如果我是厂长，自然应该关照。"

"你就批准吧。"罗沛霖说，"我快去快回，如果你在广州耽搁几天，说不定我会和你同时回到南宁呢。"

正因为周承镐不是无线电厂厂长，他也没有拉着罗沛霖不放的责任，便答应了罗沛霖的要求，嘱咐说：

"那就抓紧时间,尽快回南宁。"

第一个创新

其实,罗沛霖的舅父已于3月病故,经友人资助,葬于杭州九溪十八涧徐村的小山上,与民主革命先驱秋瑾墓隔丘相望。在舅父弥留之际,罗沛霖没有来到床前再见上一面,不免有些遗憾。他想,这次到上海,应该去杭州一趟,到舅父墓前拜望,表达自己的悼念之情。

因为王端骧的关系,罗沛霖得以顺利进入上海中国无线电业公司。报到后,同时着手继续办理解除婚约的问题。还是在离开南宁之前,他就给濮舜卿写了信;同时还给女方写了信,说明是家庭包办婚姻,希望解除婚约,这封信是由濮舜卿代转的。对方也找了一个律师,双方律师见面解决。待罗沛霖到了上海,濮舜卿便告诉他,事情已经办妥了。罗沛霖听后自然很高兴,他向濮舜卿表示感谢,汇去了三十元酬金。遮在罗沛霖心上八年的一个阴影,总算是消失了。

中国无线电业公司是设在上海弄堂的一个小的企业,但技术力量还是比较强的。总工程师曹昌,清华学校毕业,曾留学美国,可以说是当时无线电业中的精英。工程师王端骧,从交大毕业到这里工作,已经积累了比较丰富的实践经验。罗沛霖和姜长蕃,是见习工程师。暑期,又来了四个大学生,两个清华大学毕业,其中有鲍熙年,两个辅仁大学毕业,其中有梁翕章。这几个人和罗沛霖、姜长蓍年龄相仿，又都是单身，没有眷属，整天吃住和工作在一起，相处很好。罗沛霖很自然地成为兄长之一，受到大家的尊敬。

工厂实际是曹昌主持工作。他对罗沛霖有所了解，认为罗沛霖是未来无线电业的一个人才，首先是有执着的兴趣，这无疑是成就一番事业最初的也是最持久的动力；其次是有灵气，这是发明创造不可缺少的素质；还有是肯钻研，有一种锲而不舍的精神。这几点，都为曹昌所赞赏。罗沛霖报到上班后，曹昌便说：

"我们这里的变压器，经常被击穿。你是学过电力的，希望你能解决这问题。这台二十五千伏的试验变压器就归你支配吧。"

罗沛霖自然很高兴，刚一进厂就被重视，他决心努力干出一番事业来。这时工厂的主要生产任务，是王端骧从广西联系来的广播电台的制造，十千瓦中波，这是中国自行研制的第一台。罗沛霖参与了总体设计，并负责电源部分及双单元三相十五千伏全波整流级连同油冷变压器、三相变二相灯丝变压器、高耐压滤波扼流圈等部件的设计与监制。

罗沛霖心里明白，他的任务，首先是解决变压器问题。广西广播电台是十千瓦，需要十五千伏的电源，设计本身不大合乎常规，要搞十几个变压器。自己做变压器，曹昌决心不从外边买，以保证按时供应，一切都是自己干，一切都是从头做起。这对罗沛霖来说，既是一次机会，也是一次挑战。他的兴致很高，劲头很足，充满了信心，但是他并没有经验。究竟从何处着手，怎样做才能完成这一任务？他开始苦思冥想，想得很苦。

负责发射机设计与监制的姜长蕃，也和罗沛霖一样，像是女人分娩，正在经历着阵痛。姜长蕃来到罗沛霖跟前说：

"沛霖，怎么样？"

"你是指什么？"罗沛霖说。

"咱们的设计。"姜长蕃说。

"一定完成。"罗沛霖说，"并且还要圆满完成"。

"好，好。"姜长蕃说着，用力握了一下罗沛霖的手。

罗沛霖用手拍了一下姜长蕃的肩膀。两个人似乎都得到了一种无形的动力，充满信心地去完成各自的设计任务。

罗沛霖不是再坐在那里，对着白色的图纸，转动着铅笔空想，而是去翻书，查找有关设计变压器的资料。但是仅有的书中，只能提供"割一下再试"的经验法程序，没有系统的设计程序，更谈不上优化。他很不满足，于是便又坐在设计室里，勾画起来。他勾画几笔，写一个公式，又用橡皮擦掉，来回几次，图纸破了，只好再换一张。

一天就这样过去了，晚上他回到住处，在台灯下面，把想到的一些点子，又勾画在纸上。直到眼睛实在睁不开，他才倒下去睡。不一会儿，他从梦中惊醒，天亮了，又开始新的一天的工作。

在这期间，厂里订购的两个小型的美国制变压器到了，曹昌让罗沛霖解剖。美国的变压器，使用说明书很具体很详细，一看就清楚，可以参考，但是还解决不了设计问题。罗沛霖只能靠自己来搞。苦熬了十几个日夜，终于把变压器设计出来。他自己觉得还不够满意，不过总算设计成功了。他又在上海找了一家陶瓷厂，做瓷制的绝缘套管。结果做成的变压器，质量还不错，和在华生公司买的差不多。第一次做成本高些，但与外购价格比并不贵。整个整流电源也完成了。

姜长蕃也完成了发射机的设计和监制任务。在厂内做了联机试验，终于成功。然后，姜长蕃去了广西桂林，负责安装和调试。

在完成广西广播电台的设计和监制期间，罗沛霖对铁磁心电源功率变压器、扼流圈及音频功率变压器，进行了深入的研究，第一次提出三者统一的设计规则、公式及规范。这是罗沛霖所取得的第一个重要成果，也可以说是他的第一个创新，表现了他在无线电工程领域的创造性才华。

春天的约会

在罗沛霖为广西广播电台紧张设计变压器期间，他不知道为什么，每当他停下来歇息的时候，却总是产生出一种深切思念的情感。五年前，与一位中学同学在香山相聚时，认识了这位同学的堂妹杨敏如，彼此印象很好。也许，杨敏如在别人看来，算不上什么漂亮的人物，但罗沛霖却感觉，杨敏如有一种

在重庆时的罗沛霖和杨敏如

特殊动人的美丽。而这种美丽,让他具体讲述,他又实在说不清楚,显然不是眉眼,不是脸面,也不是身材,可能是蕴藏在内心深处的那种精神气质。后来,因为外人的诽语,两人断了联系。

暑期,厂里给了罗沛霖探亲假。他回到天津,正赶上杨敏如七叔的生日。杨敏如正在北平燕京大学读书,周末便去七叔家,自然要为七叔祝寿的。罗沛霖拿了母亲画的一张画,带到北平也去祝寿。在许多亲眷和贺客之中,罗沛霖和杨敏如见了面,却没有机会单独谈话。罗沛霖回到了上海,给杨敏如写了一封信。杨敏如给罗沛霖复了一封信,隐约地表达了对于外人诽语的排遣。她引用了纳兰容若的词句:"不如前事不思量,且枕红蕤欹侧看斜阳。"从此，罗沛霖和杨敏如便又恢复了通信联系。

1937年4月，南京并不平静。在北平发生的一二·九爱国学生运动，虽然已经过去一年多时间，但余波未息，各地学生要求国民政府抗日救亡的呼声，一浪高过一浪。国民政府却采取威胁镇压的措施。1936年11月，就是因为抗日救亡运动，在上海悍然逮捕了爱国知名人士沈钧儒、李公朴、邹韬奋、史良、沙千里、王造时和章乃器，这就是轰动一时的"七君子事件"。过了四个多月，由苏州高等法院以所谓"危害民国"罪对七君子提出公诉，借以镇压共产党和民主党派，把爱国进步人士推入血泊之中，取缔抗日救亡运动。就在"七君子事件"发生后不久，张学良、杨虎城发动了西安事变，扣押了蒋介石。虽然蒋介石答应联合共产党，共同抗日，但却把送他返回南京的张学良扣留了。半年过去了，还在关押着，并扬言要交特别军事法庭审判……实际上，蒋介石的日子并不好过，人民反抗的情绪一直处于高涨之中。

南京政府为了粉饰太平，组织了第一届全国美术展览会，会期中安排了北平燕京大学合唱团去南京唱《弥赛亚》，这是亨德尔的著名合唱曲。杨敏如给罗沛霖写信，说她参加了燕京大学合唱团，要到南京观摩演出。罗沛霖立即回信，他一定去南京看她。罗沛霖提前到达南京，然后他去金陵女子大学找到杨敏如。两个人都为他们能在南京见面感到非常高兴。

杨敏如和同学们住在金陵女子大学，罗沛霖住在同学茅于文家里。凡是有杨敏如参加的演出，罗沛霖必定是坐在下边观看。杨敏如在空闲中,和罗沛霖一起游览,他们先去了玄武湖。罗沛霖租了一条小船,两个人坐上,罗沛霖划起双桨,在开阔的湖面上荡起来。接着又去了中山陵,他们怀着肃穆敬仰的心情去那里拜谒,孙中山在他们心目中是一位伟大的人物。他们一步一步登着石阶走着,边走边谈。谈到孙中山所开创的伟大革命事业,罗沛霖说:

"可惜被蒋介石出卖了。"

"蒋介石总还是一个基督教徒,他信奉基督教。"杨敏如说,"他总不能做恶事吧?"

"我不愿在你面前说基督教徒的坏话。"罗沛霖说,"至少有一部分基督教徒,就说蒋介石吧,我不知道他做了哪些善事,我知道的都是他的恶迹。"

如果是别人说这样的话,杨敏如一定会和他争论起来,但现在是她所信赖的罗沛霖在说话,她就不能进行反驳。因为他知道,罗沛霖不是一个说假话的人,他现在说这样的话,一定是有根据的。于是,她便认真注意地听着,她是第一次听到这个内情。

罗沛霖告诉她,北伐时,盘踞在上海的军阀孙传芳,还妄图依靠帝国主义进行垂死挣扎。共产党人周恩来领导上海工人阶级,先后三次举行大规模的罢工和武装起义,夺取反动军警武器,向北洋军阀的驻军进攻。全上海的居民,也都投入了战斗。经过浴血奋战,终于迫使北洋军阀的军警扯起了投降的白旗。可是,准备叛变革命的蒋介石的军队,却把上海劫夺过去了。在1927年4月12日,发动了政变,大规模地屠杀共产党人和进步人士,用蒋介石他们的话说,就是"宁可错杀一千,也不漏网一个"。

杨敏如听得有些吃惊,或者说有些疑惑。因为她也听有人这样说过,但是她总还有点不大相信。她说:

"这不是共产党的宣传吧?"

"我是听许多人亲口说到当时的恐怖状况。"罗沛霖说,"再往近处说吧,蒋介石在'九一八'事变中出卖了东北,连华北他都愿拱手让日本人来统治。他采取的是不抵抗主义。这下可好,引狼入室。日本人得寸进尺,一方面向热河进攻,一方面在上海挑衅。这我可是亲眼见了的。上海没有日本租界,可是日本海军陆战队却常驻闸北,俨然是闸北的太上皇。当时上海驻军,是蒋光鼐、蔡廷锴的十九路军,这你应该知道,在淞沪抗战中不也受到了天津市民的热情支持吗?蒋介石却不顾全国人民的抗日要求,向日本投降,签订了《淞沪停战协定》;并且还提出了这样的口号:攘外必先安内。这是什么话?他的所谓安内,就是要全力反共剿共。我到南方来这几年,可是把蒋介石的真面貌看清楚了……现在,蒋介石完全抄袭法西斯一套,一方面围剿红军,一方面镇压革命运动。左联文学家被杀不少,史量才不也是1934年被他们刺杀的吗……"

杨敏如一边听,一边想,蒋介石是这样的人吗?可是这话是由罗沛霖嘴里说出,她却不能不相信。联想自己,虽然口口声声喊爱国,却不知国家竟是在这样一些人手中。这不能不引起她对国家命运的担忧,和对自己过去生活的反思。她相信了基督教义,每年圣诞节听到的必是《弥赛亚》,而她来南京所唱的也是这首歌曲。无论是听,还是自己唱,都忘情于一种虚无缥缈的精神天地,听凭它来洗涤自己的身心,进到恍若悟入禅定的忘我境界。现在看来,自己对现实社会的了解,的确是太少了。

罗沛霖还特意带着杨敏如去看了他在交大的同学好友张大奇、茅于文。张大奇也是罗沛霖在南开中学时的同学,他在交大毕业后去了上海电力公司。张大奇和茅于文在学校时就确定了恋爱关系。假日回到南京茅于文的家中,茅于文的父亲茅以南是公路工程专家。她的叔父是桥梁工程专家茅以升,正在杭

1994年上海交大同学再聚首。前排:罗沛霖(左一)、张大奇(左二)、茅于文(左三)、茅于恭(左四),后排:陈湖(左二)

州负责建造钱江大桥。

这是两对情人好友见面,自然谈得非常开心。张大奇说:

"敏如,你了解沛霖吗?"

杨敏如听着、笑着,没有说话。

"其实,你不如我了解沛霖。"张大奇又说,"从中学到大学,我和沛霖都是非常要好的同学,我最了解他的性格。如果有人对沛霖说,这东西是白的,沛霖准说这东西不是白的,是灰的,甚至是黑的。"

张大奇说到这里,故意停了一下,看看杨敏如正屏着气息听着,便又接下去说:

"沛霖就是这么一个人。可是,如果你敏如说这东西是白的,沛霖会立即说,是白的,是白的,比雪还白,再也没有这

上海交大老同学。左起:郑世芬、钱学森、罗沛霖

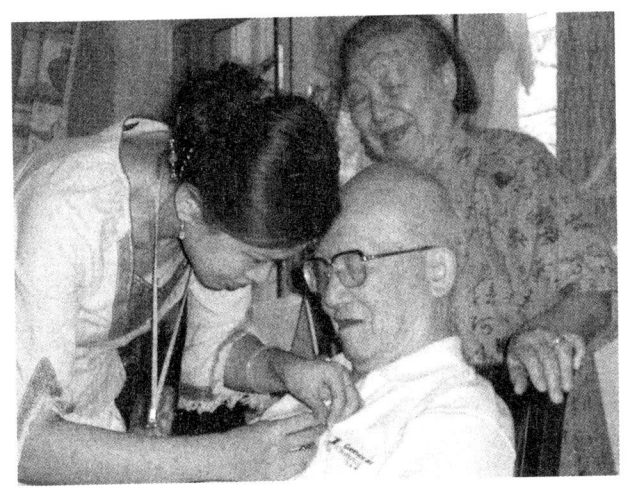

2005年在抗战胜利六十周年时，罗沛霖获得抗战纪念章

么白的东西了。"

"这就是沛霖。"茅于文插话说，"我也是了解沛霖的。沛霖可是个正派人，好人。敏如，你的眼力不错。"

"应该这么说，是沛霖的眼力不错。"张大奇说。

这次见面，几乎都是张大奇和茅于文说话了。罗沛霖却一直默默地微笑着，仿佛张大奇和茅于文的话，都是说给杨敏如听的。这就使杨敏如想到，这是不是罗沛霖的有意安排。不论如何吧，他们说的并不差，罗沛霖确实很好，好在他就是与众不同。其实，杨敏如也常常是相信罗沛霖的，并不是他什么都依自己。罗沛霖的确是个喜欢独立思考，常发表独特意见的人。这正是罗沛霖的魅力所在，杨敏如爱他的也正是这一点。这次二人重聚南京，可谓重圆之日，定情之始。

第二章

热　流

战争来了

春天的思绪还在心头萦绕,转眼就到了夏天。1937年6月底,罗沛霖又有了一个短短的探亲假。他一回到平津,就有一种严重不祥的感觉,日本驻华北的军队,一再寻衅制造事端。他有点待不下去了,想尽快回上海。但他还是和杨敏如有两个星期的盘桓。杨敏如在天津中西女中高中毕业以后,考取了北平燕京大学国文系,现在三年级读完了,回到天津家中。他们两人在聚会的欢乐中,夹着沉重的心情,为国家的前途感到忧虑。

7月6日,罗沛霖上了火车,经过两天两夜,8日晨到达上海。

卢沟桥

一下火车,走出车站,罗沛霖就在报纸上看到了惊人的消息:7月7日夜,日本军队在卢沟桥附近进行军事演习,要求进入宛平城搜查一名失踪的士兵,竟向宛平城发动进攻。这虽是罗沛霖意料之中的事,他却没有想到,事变竟然来得这样快,这样突然。

七七事变,北平首当其冲,罗沛霖给杨敏如拍了一个电报,表示慰问。接着,他又写了一封信,劝杨敏如离开平津,撤到内地。但究竟到何处为好,罗沛霖一时也拿不定主意。杨敏如还在天津家中,却也时刻关心着北平燕京大学的情况。7月28日清晨,十六架日本飞机低空飞过,在燕京大学附近的西苑兵营,投下三十二颗炸弹。这下,燕京大学校园里可就骚动起来,每个人都在担心,说不定什么时候日本人的炸弹会扔到自己的头上。很快,从清华大学传来最令人不安的消息,二十九军军长宋哲元弃城逃走，北平城已陷入敌手。北京大学和城里其他大学的一些学生，都撤到清华园里来了。接着，北大、清华的师生纷纷撤离北平，有的前往保定，有的就近转入平西山地的游击区。因为北宁和津浦两条铁路线不断被炸毁，大部分人先设法到天津，乘船去烟台、青岛，再到济南，然后分赴全国各地。还有部分师生到长沙进入清华、北大、南开三所大学共同组织的长沙临时大学，继续进行教学。北平的其他大学也都迅速退到大后方去了。

燕京大学的教务长司徒雷登重新担任校长，凭借美国的后盾，冒险决定燕京大学留在北平，在学校高高的旗杆上升起了美国的国旗。中断的入学考试又恢复了，没有撤离北平的高中毕业生，都来报考燕京大学。司徒雷登要求教师们都留下来，照常准备开学上课。杨敏如自然每天都在考虑，自己究竟应该怎么办？她才21岁，家中只有母亲和比她小三岁的妹妹，在这兵荒马乱的年月，怎么生活。罗沛霖不断有信来，还打来电报，希望她离开平津。如果她离开平津，就得带上相依为命的母亲。可是母亲不同意，她也就不能离开天津这个家。

战争形势发展很快。日军在上海和中国军队交战，好在开始还只是在局部进行，去南京的铁路并没有彻底中断，长江的水运也还没有完全封锁。中国无线电业公司加快了拆迁工作。罗沛霖他们这些技术人员，日夜守在厂里，和工人一起拆卸机器设备，装好船以后，直接运去武汉。罗沛霖没有跟着船走，他想去杭州，从那里到南京，再坐船去武汉。他到杭州，是想看一看舅父的墓地。另外，他想念同学，看一看张大奇和茅于文，便乘火车去了杭州。

老同学相见分外高兴，但谈到上海的战事，国家的危机，不免都有一种忧虑的情绪，却又一时不知如何做才算是真正为国效力。

张大奇是山东人，父亲是个文秀才，到张大奇这一辈时就穷了，但家中还是供他读书，成绩很好。初中毕业后，哥哥带张大奇去天津，考取南开中学。原来，张大奇比罗沛霖高一年级，后因母亲病故休学一年，再回学校就和罗沛霖同一年级了。他们都喜欢运动，一起打篮球。在思想上，张大奇更为激进一些，在大学时加入了共产党的外围组织，后来因为负责人被捕，断了关系。张大奇也想吸收罗沛霖到组织中来，但罗沛霖没有多大积极性，没有成功。思想上的差距，丝毫也没有影响罗沛霖和张大奇之间的友情。一·二八事件时，正是寒假期间，罗沛霖在天津，张大奇在上海参加支援十九路军活动，当义务兵，代做审判官。结果十九路军败退了，交大停课，他也去清华大学借读，暑期后才回学校。

"国难当头，要想救国，还是到军队去。"张大奇说。

"你参加过十九路军，一·二八抗战不也失败了吗？"罗沛霖说。

"国民党的军队是不能去的。"张大奇说，"沛霖，你不是去过第四集团军，也离开了吗？"

"参加红军。"茅于文说，"斯诺的文章中写过，我特别注意读了。"

茅于文说的文章，是美国著名记者埃德加·斯诺于1936年秋天，对共产党所领导的西北革命根据地进行采访后，为英美报刊所写的轰动世界的通讯报道，后来汇编成书，由英国戈兰茨公司出版，名为《红星照耀中国》，随后上海以复社名义出版了中译本，为适应当时的环境，改名为《西行漫记》。

"现在，红军已改编为第十八集团军，也叫八路军。"罗沛霖说。

老同学在灾难期间难得聚会，罗沛霖预祝张大奇和茅于文婚姻幸福美满。然后，他去看了舅父的坟墓，并向秋瑾墓默哀致敬。罗沛霖又顺便去看新落成的钱江大桥。他先上了六和塔，塔下边是大桥，从六和塔上往下看钱塘江，看钱江大桥，江流浩荡，大桥雄伟，非常壮观。更使人自豪的，这是中国人自己设计的第一个这种桥梁工程。罗沛霖喜欢照相，他随身带着一部照相机，便照了几张相。

上海的战事已经相当紧张，人们纷纷从那里逃亡出来，大家心里也都很清楚，南京只是临时中转，这里也是站不住脚的。罗沛霖已经在杭州耽误了十多天，更不能在南京多停留，只在同学家住了两天，便抓紧取出从上海由火车托运到南京的行李，又办理了水运到武汉的手续。同时买了船票，准备去武汉。他刚刚来到码头，还没上船，汽笛便发出了空袭的警报，码头顿时大乱。罗沛霖自然也不能再上船去，便也跟着躲避日本飞机轰炸的人群逃避，跑到附近的一个防空壕里。人多，防空壕狭小，人们都你挨着我，我挨着你，拥挤在那里，都屏住了呼吸，大气也不敢出。过了一会儿，人们听到日本飞机的轰炸声，接着是地面上高射炮的射击声。飞机扔的炸弹在地面上炸裂，高射炮炸弹在空中炸裂，天上地下冒起一股股硝烟，随风吹散，呛得人们不住地咳嗽起来。时间不长，南京的上空便布满了日本的飞机，每俯冲一次，就扔一次炸弹。飞机的隆隆声，炸弹炸裂的轰炸声，混成一片，给人一种极其恐怖的感觉。等日本飞机轰炸过后，罗沛霖才又随着人流走出防空壕。还好，他乘坐的船没有被炸，也就没有耽误多少时间便开船了。罗沛霖站在船上，回头望着向远处退去的弥漫着硝烟的南京，心里感到一阵沉重。他想，怕是过不多久，南京也要陷落了。

奔腾的长江

七七事变后，日军大举侵入华北，很快就占领了平津，那里的很多人便纷纷来到了武汉。现在，上海的仗打得激烈起来，南京又很吃紧，于是又有很多人从南京来到了武汉。武汉，突然增加这么多人，街上显得很乱。人们在互相传递着各种消息：南口、张家口落入日军之手，保定、沧州陷落，德州、石家庄失守。这些消息，使得人们的心绪更紧张不安起来。

自然也有振奋人心的消息，共产党领导的红军改编为国民革命军第八路军后，已经开赴华北敌后战场。八路军首战平型关，就打了一个大胜仗。这就说明，日军是可以战胜的。罗沛霖到了武汉以后，虽然整天忙于中央银行无线电总台发射机的安装调试工作，但他却时刻关心着平津和沪宁方面的形势。平津有他的母亲和恋人，沪宁有他的同学和朋友。上海被日军占领，这是罗沛霖意料中的事，而南京陷落，虽然他也想到了，但成为现实，他却难以接受。罗沛霖想，一个国家的首都被敌军侵占，这个国家不就完了吗？他感到震惊，表示愤怒，对国民党的抗战完全失去了信心。罗沛霖觉得憋闷难受，他很想找人述说一下心中的焦虑和愁苦。正在这时，交大同学杨锦山来看望罗沛霖，告诉他比自己低一个年级还没有毕业的周建南、孙友余、孙俊人几位同学，也先后到了武汉。他们要去延安了，来和同学好友告别一下。因为罗沛霖有工作，待遇也还比较高，并且干得不错，又很受重视，就要升为副工程师了，所以杨锦山他们在联系去延安时，也就没有动员罗沛霖。

罗沛霖聚精会神地听着，交大几名同学去延安的消息，急剧地启发着他的思考：国难当头，应该重新认识祖国了。过去经常想到的多是个人，可是若没有祖国，哪还有个人？他没有再多考虑，便毅然下定决心，他也要到延安去。但是，他没有把这一想法立即告诉杨锦山。因为他想，他们已经办了去延安的手续，他怕突然说出自己的想法来，会给他们添麻烦，为难拖累了他们。况且，他也要和王端骧、曹昌讲一下辞职的事。厂里的人待他不错，这次离开武汉去延安，不能像在南宁时回上海那样，不辞而去。他要妥善提出，这也是对王端骧和曹昌的尊重。

送走杨锦山，罗沛霖没有立即返回住处，他想让激动的心情平静一下。长江离这里很近，他想到那里去坐一坐。他现在的住处是一座楼房的顶层，每天他都从窗户眺望长江，望着滚滚东去的流水，想念那远离的亲人，在沦陷区过着屈辱忐忑的生活。当听到敌人占领南京后，进行灭绝人性的大屠杀，更加深了他对日本侵略者的仇恨，也更增强了他反抗日本侵略者的决心，就像长江的流水一样波涛汹涌，冲击有力。望着长江，这条祖国的大河，就看到了祖国的壮丽，也就更加感到了保卫祖国的责任。他没走多远，便来到了长江边上，他想找一个比较清静的地方坐一会儿。但是，到处是一片忙乱，江面上不断有过往的船只，江边是匆匆的行人和车辆。罗沛霖只好随便找一个地方坐了下来，平静一下心情，理一理思绪。他首先想到，要打一份电报，告诉远方的亲人。

于是，他来到邮局。他想了一想，该怎样拟写电文，他不能直说去延安，就是写信也不能这样讲，以免招致祸灾。他写道：要到西北去，到最理想的地方去。

拍完电报，罗沛霖从邮局走出来。他觉得心情轻松了许多，又感到周身热了起来，有一种东西在鼓荡着他的血液，给了他一种奋发前进的力量。于是，他三步并作两步，直接去找王端骧。

看到罗沛霖异乎寻常的样子，王端骧关切地说：

"有什么事吗？"

"有。"罗沛霖急切地说，"我想辞职。"

"为什么？在公司有什么不如意的事吗？有什么不愉快的

事，提出来商量着解决。"王端骧是个老成持重的人，何况他也已经从大学毕业多年，有着比较丰富的社会经验，罗沛霖提出辞职，他以为是在公司遇到了什么不愉快的事。

"不是，没有什么不愉快的事。"罗沛霖说，"你和曹总工程师很好，大家待我也都不错。"

"那究竟为什么呢？"王端骧问。

"去西北。"罗沛霖说。

"去西北？"王端骧感到有些意外，便又追问了一句，"是去哪个单位？"

"嗯。"罗沛霖说，"先到西北再说吧。"

实际上，罗沛霖已经把自己的真实意图隐约地说出来了。

王端骧心里也明白，一时没有再说话。他也有所估计，对于罗沛霖，他还是比较了解的，很有头脑，不是盲动的人，做出这样的选择，一定是经过了认真考虑。这是关系到人生道路的一件大事，是会影响一辈子的。他自己平日只是埋头技术，很少过问政治，关于共产党和八路军的情况，他听到的不多，而且好话坏话都有。对于罗沛霖的这一决定，他既不能予以鼓励，也不能表示反对，因为他还不能判断罗沛霖的前景。鉴于他们的交情不薄，他说了这样几句肺腑之言：

"你既然打定主意要走这一条路，我也就不劝阻你了，祝愿你顺利。如果在那边也像在南宁一样，不想干了，那就再回来找我吧。"

这一席话，说得罗沛霖心里热乎乎的。他也说了几句同样发自内心深处的话：

"谢谢学兄两年多来对我的关照，今后沛霖无论走到哪里，也不会忘记学兄的关切。"

资方总经理是四川著名企业家胡子昂的堂弟胡光镳，罗沛霖估计他也不会不让辞职，但是和他接触不多，究竟怎么讲才合适呢？王端骧似乎看出了罗沛霖的这种心理，便说：

"这样吧，你去做动身的准备，曹总工程师和胡总经理那里，由我来周旋好了。再就是，你动身之前，我要为你饯行。"

罗沛霖很快就做好了动身的准备，除了带上必要的行装，就是心爱的几十本书籍。其余的东西，他分送给了几位青年技术伙伴。只是姜长蕃还在桂林，罗沛霖既不能征求他的意见，也不能向他告别了。

罗沛霖听说过，想去延安，有关系介绍一下才好。他想到了周恩来。周恩来也是南开中学毕业生，但毕竟比他早了十二年，又是共产党的高级领导人物，不好直接去找。于是他又想到了一个人，就是南开中学和南开大学的校长张伯苓。张伯苓在武汉的几次讲演中，都以自豪的心情提到了周恩来。张伯苓和罗沛霖的父亲都是天津知名人士，彼此有交往。可是张伯苓不在武汉，已经去了重庆。于是，罗沛霖便给张伯苓写了一封信，首先介绍了自己的情况，恳请校长给周恩来写封信，介绍他去延安。并且说，他马上动身前往西安，回信请寄西安张大奇转交即可。

王端骧也给罗沛霖办好了辞职的手续，知道罗沛霖要去艰苦的地方，除了应发的工资，还请公司多给了罗沛霖一些钱，共计二百多元。罗沛霖也想到，此去西北，可能需要一些钱，就把照相机卖了。

张大奇是在罗沛霖离开杭州后不久，与茅于文结的婚。因为上海战事激烈，南京形势吃紧，他的岳父茅以南一家，便从南京迁到西安，茅以南任西兰公路局秘书长。张大奇便也到了西安，就住在岳父家里。这里，也就成了罗沛霖去西安的落脚点。

罗沛霖买好了去西安的火车票，正要动身，他收到了杨敏如写来的信件。燕京大学虽然坚持开学，杨敏如却在家休学半年。在接到罗沛霖的电报后，看了又看，她闹不清这西北是个什么去处。她在燕京大学读书，埋头在古典诗词之中，对时事政治了解很不具体。但她也听说过，在燕京大学新闻系任过两年教授的美国著名记者斯诺，曾经冒险访问过西北红色区域。她心想，罗沛霖可能就是要去斯诺去过的地方吧。想到这里，她心头涌出一股从未有过的情绪，说不清是欣慰自豪，还是担心不安，也许都有一些。但是她相信罗沛霖的选择，于是在信中写下了这样的话："当你想去那里，你就应该去那里；当你想做什么事，你就应该去做什么事。去你应该去的地方，做你应该做的事吧。"杨敏如的这些想法，却不能和别人谈起，甚至都不能和母亲述说，怕母亲担心害怕。没想到母亲竟然问起来了：

"沛霖究竟是去什么地方，让人也看不明白。"

"怎么看不明白。"杨敏如说,"他是去他应该去的地方。"

母亲听女儿这样一说,也就不再问下去。

罗沛霖收到杨敏如的信后,便一手拿着信,一手提着个小包,去车站赶火车。他的行装和书籍已经托运。直到检票进站的时候,他才把杨敏如写给他的信,放进了大衣里边的口袋,感觉到自己的心口,还在突突地跳动。

到延安去

茅家从南京搬到西安后,在城东南大保吉巷江苏会馆租了几间房,类似北平大四合院的南房。除了茅于文的父母,还有她的两个妹妹、三个弟弟。不久,她和张大奇又来了。她和张大奇是在日军占领上海,逼近杭州的时候,搭乘叔父的汽车到兰溪,住钱江大桥工程处兰溪办事处。接着又乘火车到长沙,再到武汉。到西安的时候,南京已经陷落。母亲难过地告诉女儿,听说在南京住的房子被日本人破坏了,留在家里的东西也都完了。

当罗沛霖来到茅家以后,说是去延安,茅于文的小弟弟茅于一参加抗日队伍的决心更大了,他说:

"沛霖大哥,让我佩服,他放弃那么好的工作,到延安去。无论是学习,还是工作,正规不正规,就要看抗日不抗日,抗日就正规,不抗日就不正规。打个比方,这就像穿衣服,有衣服穿就行,就先别管料子怎么样,是哪家成衣店做的。沛霖大哥去延安，那就是好料子，名店做的。"

罗沛霖没说什么，听了茅于一的话，心中暗自赞赏这个小老弟，小小年纪竟然这么有志气。

罗沛霖住在茅家，是在等待重庆方面张伯苓的来信。可是，来西安已经两个星期了，张伯苓的信还不见寄来，罗沛霖真是有些着急了。还是茅于一心眼灵活，他对罗沛霖说：

"条条大路通延安，你不要再等张伯苓的信了，你就直接给八路军办事处写信吧。"

"还是于一小弟脑子灵活，我听你的，给八路军办事处写信。"罗沛霖说。他的心情，忽然开朗起来。

"你给八路军办事处写信，如果这期间张伯苓的信来了，不是更好吗！"茅于一又接着补充说。他为自己给罗沛霖出了一个好主意，也觉得很快慰。

于是，罗沛霖便给八路军西安办事处写了一封信，是写给办事处处长伍云甫的。在这封信中，他主要写了自己的经历，自己在无线电技术方面的特长，以及要求参加抗日队伍的决心。信寄了出去，他似乎才松了一口气。

可是，又过了几天，并没有得到八路军西安办事处的回音。张伯苓那里，也还是没有信寄来。罗沛霖又着起急来。他一时真不知道怎么办好了，参加抗日队伍的决心，他是下定了，是任何力量也不能动摇的，可是究竟怎样才能走入抗日队伍的行列呢？延安，延安，你就在西安的北面，要经过什么关山阻隔，才能走到你的怀抱中去呀？

在这些日子里,罗沛霖总是在邮差到来之前,在门口去等候,开始是欣慰的,满怀着信心的;可是,要等的信件没有寄来,他便又很失望地回到屋里去。他也等到过杨敏如的一封来信,是问他的情况如何,这更加重了他的焦急的心情,他都不好给杨敏如回信,回信写什么,说还没有头绪吗?看到罗沛霖这样坐卧不安,大家都想安慰他,却也不知道说些什么好。张大奇说:

"沛霖,我想张校长会有信来的,他一生办教育,就是为了救国,现在国家处于危亡之际,他四处讲演呼吁救亡,他会支持你去延安的。再说,他过去和罗伯伯又是好友,你求他办事,他是不会不办的。也许,回信正在途中,再耐心地等一等吧。"

"八路军办事处那里,也许正在研究,这是需要时间的。"茅于文也说。

茅于文的父亲茅以南喜欢听青年人谈话,从中常常感到一种青春的力量。有时,他也说上几句。他见罗沛霖这样焦急,便也想安慰一下这个可爱的后生:

"沛霖,听我说一句老话:有志者事竟成。你去延安参加抗日,这是进步行为,是去做一件利国利民的事,你的决心下定了,就一定能成功。"

"爸爸,你说的这是理论,和实际还有距离。"茅于一说,"沛霖大哥的实际,是如何尽快和八路军办事处取得联系。现在西安国民党特务很多,无处不有,很可能沛霖大哥写给八路军办事处的信被特务扣下,没有寄到。"

"那你说怎么办?"茅于文说,"你有什么实际的办法吗?"

"有。"茅于一说,"沛霖大哥亲自到八路军办事处去一趟,先问一问,收没收到自己写的那封信。如果没有收到,回来再写一封,亲自送去。"

"于一,你这个主意行吗?"母亲说,"不是说八路军办事处门口的国民党特务,绑架走不少去那里办事的人吗?"

"也只能这样了。"罗沛霖说,"只是我有些担心,让特务盯上,给这里带来麻烦。"

"沛霖,这你放心好了。"茅以南说,"我这个人别看胆子不大,就是不怕特务,特务都是干些见不得人的罪恶勾当,我们光明正大,怕什么?"

多好的一家人呀。罗沛霖很感动,也很感激。他决定亲自去一趟八路军办事处,为了缩小目标,他谢绝了张大奇和茅于一,不让他们陪伴。问好了路,第二天吃过早饭就去。

罗沛霖没有遇到什么麻烦,就到了七贤庄八路军办事处。他首先问传达室,他写过一封信给伍云甫,是不是收到了。传达室的人进去查问,回来说,没有收到,让他再写一封,不要寄了,送来。

罗沛霖走出八路军办事处,为了摆脱特务的跟踪,他没有直接回到茅家来,而是串了几家商店,又去了一家电影院,反正是哪里人多他就走到哪里去。直到过午,他才回到住处。他立即给伍云甫重新写了一封信,内容和第一封信差不多,只是突出了这样两点:他参加八路军抗日,是对国民党感到绝望;

在无线电设计制造方面,他都做出了哪些成绩。第二天,他便亲自把信送到了八路军办事处。当他回到茅家,张大奇非常关心地问:

"那里的情况怎么样?"

"上次是去问收没收到我的信,这次是去送信,还没有正式接见。"罗沛霖说,"不过也能感到,那里待人非常亲切热情,工作很紧张,气氛的确不同。看来,我去延安的路是走对了。"

罗沛霖是以一种自豪的口吻说这些话的,而且给人一种感觉,好像他已经是八路军的一员了。

"沛霖,我也想去延安。"张大奇说,"我在交大参加过党的外围组织。你记得吧,我找你谈过话。只是后来又脱离了组织。如果可能的话,我很想和你一起走。"

"和于文商量过吗?"罗沛霖说,"你走了,她怎么办?"

"于文不会阻拦的,可能她还要争着去。"张大奇说,"先别想这么多,听听八路军办事处那里是什么意见。"

"这一来可好,去延安又多了一名交大同学。"罗沛霖非常高兴地说,"这样吧,等我再去八路军办事处时说说,看看行不行。"

很快,罗沛霖又去了八路军办事处,回来后赶紧告诉张大奇,可以一起去谈谈。于是,他们一起去了八路军办事处,见到一位姓李的工作人员,罗沛霖已经和他认识了,对他说:

"这是张大奇先生。"

"很想和你们谈谈,但是今天没时间,林伯渠同志又不在,改天再来吧。"姓李的工作人员态度非常和蔼地说。

虽然没有谈成，但罗沛霖和张大奇却非常高兴，林伯渠可能和他们谈话，说明对他们很重视，因为他们听说过，林伯渠是共产党老资格的领导人。

过了两天，他们又去了八路军办事处，果然见到了林伯渠。罗沛霖和张大奇并排坐在了林伯渠的对面。罗沛霖写给伍云甫的信，已经八路军西安办事处负责人传阅，刚从苏联研习电讯技术回国的李强，也看了罗沛霖的信，认为这是难得的急需人才。林伯渠首先对罗沛霖说：

"罗先生，你写的信我们看过了，欢迎你到延安去工作。不过，那里很艰苦，吃小米，住窑洞，你是从上海来的专业技术人才，能不能习惯那里的生活呢？你先去参观一下，再说。"

罗沛霖本来想再次表示一下去延安的决心和态度，没等他张口，林伯渠便问起了张大奇的情况。张大奇便讲了自己的学历、工作经历，以及在交大参加组织和脱离组织的情况。对于这样一名技术人才，林伯渠也是很尊重很爱护的，他问张大奇：

"张先生，你想做什么工作呢？"

"我希望能搞电厂工作。"张大奇说。

"延安没有电厂。"林伯渠说，"但要搞一个电厂也可以，有三万元可以用。"

"三万元可不够。"张大奇说。

林伯渠沉思片刻，说：

"别的地方电厂工作多，你去搞也好，省得去延安电厂办不

1997年与杨敏如重返延安

成,又弄一身红颜色。"

罗沛霖又问了一下如何去延安,就和张大奇离开八路军办事处。罗沛霖对张大奇说:

"你太强调搞电厂工作,所以林老才有推脱之意。看来,也不好再有什么补救的办法了。"

"你的批评是对的。"张大奇说,"但是已经如此,只好有机会再说了。"

"也好。"罗沛霖说,"我有件事要求你帮助。"

"你我之间还要客气?"张大奇说,"什么事你就尽管说吧。"

"就是今后我和敏如的通信问题。"罗沛霖说,"为了她的安全,我在延安不能直接和她通信,想请你代为转寄。"

张大奇点头答应了。

去延安的汽车没有固定日期，够一车人了才开车。因为林伯渠是让罗沛霖先去延安参观，他也不好把全部行装都带上。但是，他留在延安的决心是下定了。他想，先到延安看一看，工作定下来，再回西安取东西。因此，行李和书籍，他都留在了茅家，只提个小包，穿着大衣，轻装简行。

第三章
圆　梦

圣　城

很快，罗沛霖便等到了去延安的汽车。为了少给茅家惹麻烦，他没让张大奇和茅家的人去送他。车一开出西安，罗沛霖立时感到心胸开阔了许多，也舒畅了许多。他似乎觉得曾经到过这里，到过延安，这里的一切竟是这样熟悉，这样亲切。这里，不是人们想象中的荒凉贫瘠的地方，西北的黄土高原，是中华民族的摇篮，北靠万里长城，南望八百里秦川。初春时节，天气开始暖和起来，农民们赶着毛驴，往田里送粪了。一路上，罗沛霖仿佛对什么都看不够似的，印证着他在斯诺所写报道中得到的印象。

第三天才到达延安。当罗沛霖一眼望见宝塔山时,他激动极了。这就是他向往的地方,终于来到心中的圣城,他要在这里接受抗战的洗礼,他要为抗战贡献自己的力量。下车以后,罗沛霖被安排住在副官处招待所。夜晚,躺下以后,总也睡不着。他听到了一种非常悦耳的声音,是从三边回来的贩盐的骆驼队的驼铃声,令他非常激动。他是喜欢音乐的,世界上那些大音乐家的名曲他听过不少,也非常爱好,听起来如醉如痴。但这驼铃声,却是他听到的最美妙的声音,仿佛是从天上传来,令人想到天堂仙界。他不知道自己究竟是在什么时候睡着的,当他醒来的时候,他听到了一种非常熟悉的声音。于是他便起了床,来到室外,看到一只喜鹊箭一样从一棵树上飞到另一棵树上,接着又有一只、两只、三只……这样飞起又落下,它们欢快地叫着,似在报喜。罗沛霖观赏着,谛听着,觉得这是一

延安宝塔山

种吉祥的征兆。这时，他又听到了此起彼伏操练的口号声和歌声。罗沛霖到延安以后，并没有专门去看什么，只是随便到各处走了走。延安充满生机的气氛，他深深地感受到了。他把在这里的所见所闻，和北平、天津，和上海、南京，以及武汉、西安所见所闻相比较，感到截然不同，完全是两个天地。在那些地方，他总有一种厌恶和沉闷压抑的感觉，而在延安这里，他就觉得格外清新和舒畅。

一天，军委三局局长王诤来看罗沛霖。王诤对无线电有着丰富的实践经验，理论上也有一定的基础，他上过无线电专科学校，在国民党军队当过一个师的电台台长，到红军工作后，因为忠诚和出色，受到毛泽东、朱德的重视与信任，负起全军通信工作的领导责任。他听过一些介绍，也认为罗沛霖在无线电方面，不仅有深厚的基础，而且有创造的才能，八路军极需这样的顶尖人才。李强已经从西安来到延安，还未去军委工业局当局长，因为他在上海负责过党中央的电台，又到苏联专门研习无线电技术，先在三局协助工作。他对王诤说：

"老王，罗沛霖是我给你们选来的。我经过西安的时候，伍云甫拿着一封信给我看，是罗沛霖写给他的。我一看，交大电机系毕业，特别是在毕业以后，已有设计制造电台的经验，有那样独创新鲜的活力，具有这样素质和才能的工程师，是不多见的。于是我建议伍云甫快向林老报告，接见罗沛霖，赶紧让他来延安。"

"这可要谢谢你啦，千里马要有伯乐来发现。"王诤笑着说,"留下罗沛霖,先跟着你做些制造电台急需技术的实验,等正式成立通信材料厂,就让他去当工程师,负责技术和生产工作。"

"我看他会干好的。"李强说,"谁说我们是土八路,罗沛霖这样的人才,能说土吗?"

王诤是独自一人来到副官处招待所的,他握着罗沛霖的手,自我介绍说:

"我是王诤,军委三局局长。三局是管通信的。"

罗沛霖听了,却一时不知说什么才好,因为他不必再做自我介绍,王诤已经知道他就是罗沛霖。他只好笑笑,等着听这位局长的下文。

"决定留你在延安工作。"王诤简单明了地说,"就在三局,做有关无线电通信方面的工作。"

罗沛霖没有料到,这位局长说话竟是这样干脆,这样信任。他既感到非常欣慰,又感到有些突然。因为,林伯渠是让他来参观的,结果并没有参观,就留他在延安工作了。

但王诤的态度确实是明确清楚的,真诚无保留的,罗沛霖深深受了感动。王诤这个人立时在他心中树起了一个崇高的形象,又平易亲切,令他肃然起敬。心想,在这样的人领导下工作,一定是非常愉快的。本来他就庆幸奔赴延安是走对了,现在又遇到这样以诚待人的领导,正是共产党人的表征,他真是太高兴了。罗沛霖心里只顾想这些,一时没有向王诤表态。王诤又说:

"有什么想法，或者说有什么意见，尽管提出来。"

"到延安来的决心，我是下定了的。真的到了延安，看到处处充满欢乐和朝气。这种环境，这种气氛，我非常喜欢。"罗沛霖也很坦诚地说，"只是在西安的时候，林伯渠同志让我先来参观，行李和书籍也就没有带来。是否我再去趟西安，和朋友告别，把衣服、被褥和三四十本书籍取来。特别是那些书籍，多是有关无线电技术，我想在延安，会发挥作用的。"

"当然可以。"王诤说，"希望快去快回。什么东西不带或少带都关系不大，你那些书可要都带来呀，一本也不要丢下。"

罗沛霖连连点头答应着。

从延安回到西安后，罗沛霖看到了杨敏如寄来的信。他能想到，沦陷区会是什么情况，在信中杨敏如不只写了别情，也写了国恨。遥遥相问，聊报平安。

他还收到张伯苓写给周恩来的信。虽然收到晚了，但他还是非常感激张校长对学子的关心。信写得极为认真，写了罗沛霖的学历、工作经历和专业特长，以及去延安参加抗日工作的决心，希望周恩来予以安排。由秘书用毛笔小楷重抄一遍，他再亲笔签名。罗沛霖请张校长写这样一封信，目的就是介绍去延安。现在既然已经去了延安，目的达到，也就不需要这封信了。他既不想再交给周恩来，也不想交给三局局长王诤，甚至也不准备向谁说起这件事，免得给人造成一种拉关系的错觉，他不想做这样的事。这有些像他从交大毕业后去南宁，没有去拿舅父的信一样，工作与前途，全凭自己争取，不必靠别人的力量。当然,这次与那次,在性质上是根本不相同的。

罗沛霖这次回到西安,茅于一已经去了山西前线,张大奇正联系兰州电厂,准备去兰州工作。罗沛霖向茅家一家人讲述了在延安的见闻,到处是歌声,到处扭秧歌,一派严肃、紧张、活泼、欢快的景象。大家听着都觉得很新鲜,认为罗沛霖是去了个好地方。罗沛霖整理好行装、书籍,抓紧时间赶回延安。回到延安,他没再去副官处招待所,而是直接去了军委三局。三局总部是个半天然的石窑洞,有三十平方米左右,在清凉山脚下,南面不远就是延河。隔着延河,南边就是宝塔山了。罗沛霖被安排住在山下小院里的一间小房子,这里很肃静,他很喜欢。晨起黄昏,可以到延河边散步。

中央军委三局旧址(延安)

中央军委三局领导同志。左起：王诤、王子纲、刘寅

"有人说，你不会再回来了。"王诤说，"我说你会回来的。你这不是回来了吗！好，好啊！"

王诤安排罗沛霖，每天和他、李强、王子纲在一起吃饭。王子纲是三局一科科长，负责报务和电台组织。他是在上海党中央秘密训练学习出来的。吃晚饭时还常常弄点酒，陕西小米子酒，罗沛霖不喝，他们也不勉强他。王诤说：

"沛霖同志，你先搞些无线电通信方面的实验，由李强同志指导。"

"做些发报机实验。"李强说，"为以后制造电台做些技术方面的准备。"

罗沛霖在高约几十米的山坡上一个半天然窑洞工作。第一件工作，是做一个扁平式可变电感，用以做发报机调谐用。开始，还不算紧张。每天，他都有时间读书，到延河边散步。因为接触人少，他常常是独自一人去散步。而在延河边散步的人可就多了，都是三五成群。罗沛霖忽然想到，在这散步的人群中，有没有杨锦山他们啊？就在他这样想着的时候，向他走过来三个人，并且站在了他的跟前，其中一个人说：

"同志，你是上海交大的吧？"

"对。"罗沛霖也停下来，答应着。

"你叫罗沛霖。"那人又说。

"是。"罗沛霖说。

"我叫周建南。"那人说着，又介绍身边的两个人，孙友余和孙俊人，他们也都是上海交大的。

见到他们，罗沛霖很高兴，他说：

"我早就听说你们来延安，我就是受你们的激发来延安的。你们来延安的消息，是杨锦山告诉我的。杨锦山呢，他在哪里？"

他们告诉罗沛霖，正在大家购置棉衣准备北上的时候，杨锦山突患急性肺炎住进了医院，无法上路。经商定，周建南、孙友余、孙俊人，还有早一班的范元弼，持介绍信先行北上，留下杨锦山等病愈再来。

到延安后，他们被安排在解放社，在徐冰领导下学习政治。陕北公学讲课，给他们发票去听，回来谈收获。中共中央组织部部长陈云、副部长李富春还专门和他们一起吃饭，边吃边谈，让人感觉特别亲切。他们就住在清凉山半山腰的石窑洞里，距离罗沛霖住的地方不远。从此，罗沛霖有时间就到他们那里去坐坐，他们下山也常常顺路看望罗沛霖。罗沛霖也跟着他们去

1997年罗沛霖（右一）、孙俊人（右二）重访延安

陕北公学和抗大，听毛泽东和一些中央领导同志的报告。

三局负责器材的二科科长段子俊，有时也来罗沛霖工作的窑洞。他是河南济源人，在高小读书时就参加革命活动，后来被派到苏联，学习无线电报务和工程理论，是李强的学生。他比罗沛霖略早些时间到的延安。4月的一天，王诤把段子俊和罗沛霖叫去，开口便说：

"三局要建一个通信材料厂，你们俩去，段科长做厂长，沛霖同志管技术和生产。这是一项非常艰巨而又光荣的任务，主要就是生产收发报机，供应抗日前线使用。段科长出国多年，刚刚回到国内，沛霖同志是新到革命队伍中来，今天，趁你们走马上任之际，约略地向你们介绍一下，我所了解的我军通信工作。"

于是王诤谈起，自从红军诞生以来，通信工作一直都是作为军队神经系统建设起来的，掌握情况，下达命令、指示，都要通过通信工作。红军长期处于经济落后的被敌人一个区域一个区域分割包围的农村，在分散的游击战争中，主要靠旗语、人力、骑马通信。1930年秋，开始了由游击战向运动战的转变。从那时起感觉到，没有现代化的通信工具，军队作战是有很大困难的。特别是在运动战的情况下，单靠有线电通信还不行，更需要建立无线电通信。因此，毛泽东、朱德就决定：迅速建立无线电通信。建立无线电通信的办法是：争取、团结、说服、改造旧军队中的一部分技术人员，同时加速培养自己的无线电技术人员。通信装备的解决，主要靠从敌人那里缴获得来。1933年4月，在瑞金搞了一个材料厂，也只能是改装旧发信机。

王诤讲到这里，突然提高了声音，满怀信心地说：

"现在，我们在延安搞材料厂，是要自己制造电台。红军到陕北后，首先和东北军搞成了统一战线，这样也就使得通信技术有了发展的条件，他们可以给购置一些电信器材。现在，在盐店子，已经弄去了一部分机器和设备，你们去后就能看到。我们不仅要在延安搞工厂，在晋察冀、晋冀鲁豫、新四军，凡是大一点的根据地都要搞工厂。延安的通信材料厂，一定要搞好，也一定能搞得好。"

听完了王诤的讲话，罗沛霖确实感到肩负的任务艰巨而光荣。他觉得，祖国的富强独立，就像一面旗帜在他的眼前飘展。

来自沦陷区的母亲的呼唤和恋人的希望,也激励着他在反抗侵略者的斗争中去建立功勋。

罗沛霖收拾了一下行装,特别是带上了他全部的有关无线电技术的书籍,赶往通信材料厂所在地,在西川河北岸山坡上,距延安城三十里的盐店子。

盐店子

杨敏如终于知道,罗沛霖确实是去的延安,参加了八路军。但这件事,罗沛霖在来信中始终也没有明确说过,是她收到在昆明西南联大读书的妹妹的来信,证实了罗沛霖的确切行踪。妹妹在信中说罗沛霖参加了八路军,怕被敌人发现,这些话是用英文写的。她还在信中鼓动姐姐,离开灰色的北平。杨敏如已经明显感到,妹妹再不是天津的那个女中学生,昆明的抗日

1997年重返延安盐店子

救亡运动很活跃，她已是追求进步的女大学生了。哥哥杨宪益在伦敦，也是声援祖国抗战的留英大学生中的领袖。1934年他赴英国留学，出国后一直和罗沛霖保持通信联系。他给罗沛霖寄来过长诗述怀，回顾中国数千年文化，抒发爱国的豪情。他还在给罗沛霖的来信中说，将来他们都要到"麦加"去，这个"麦加"指的就是延安。当他得知罗沛霖已经到了延安，他是欣喜并为罗沛霖祝福的，希望有一天自己也能到那里去。哥哥对罗沛霖的好感，使杨敏如感到非常欣慰。罗沛霖对人生道路的选择是正确的，而她对罗沛霖的选择，同样也是正确的。罗沛霖写信告诉杨敏如，张大奇去了兰州电厂，他们的信，今后还是由张大奇在兰州转寄。张大奇很谨慎，知道转信也有危险，为了不引起别人的注意，他特意在邮局租了一个信箱。忽然有一天，张大奇接到通知，叫他到警察局去一趟。他怕是罗沛霖的信出了问题。张大奇有一个同学，和警察局有关系，便请他

延安盐店子：中央军委三局通信材料厂旧址

帮忙。可能是这个同学做了工作，警察局再没找张大奇。

通信是极不方便的，尤其是到了盐店子，就不像初到延安那些日子，有些余暇时间。现在是重任在身，他不能有丝毫的大意和懈怠。他要像作战一样，冲锋陷阵，勇往直前，全力以赴去攻克这技术的堡垒。他必须集中全部的学识和经验，智慧和才华，心血和汗水。他要大胆创造，敢于革新；还要小心谨慎，一个技术细节一个技术细节去钻研。他经常到车间去，和大家一起劳动。

盐店子是一个不大的山庄，原属一家李姓地主。通信材料厂坐落在一个北山坡下。大致坐北面南，一排用石头砌成的窑洞，约有十几孔，作为厂部、生产办公室和仓库的用房。在这排窑洞的西头，有几间平房作为装配和木工用房。在窑洞的对面也有几间平房，作为车工、钳工、锻工用房。东、西、北三面的高山坡上，有一些土窑洞，是住宿的地方。在更远一些山上，还有土窑洞，既可供住宿，也可以在那里干别的工作。这些窑洞和房屋，都是被赶走的地主留下的。

段子俊和罗沛霖看过厂房和宿舍后，又回到车间，仔细看那些已有的设备。有一台人摇提供动力的小车床，一台手扳的小牛头刨，一台用十磅榔头打的冲床，一台手摇台钻和几个虎钳。

延安材料厂正在草创时期，罗沛霖作为厂里的工程师，负责全部技术和生产工作。他心里非常清楚，他所面临的条件是多么困难。在到盐店子没多久，他就连着写了三封信：一封是写给王端骧的，请他设法支援一些无线电元件器材；一封是写给姜长蕃的，也请他设法支援一些无线电元件器材和书籍；一封是写给梁翕章的，请他物色几名优秀的青年工人，因为梁翕章在中国无线电业公司，一直负责教授和训练无线电学徒工人。罗沛霖在信中讲了延安生产条件的困难和抗日前方的急需，请他们一定想些办法，予以支持。他的这些同学、同事和朋友，没有辜负他的希望，在随后的实际行动中，他们作为中华民族的儿女，在祖国危难之际，遭受异民族侵略践踏的时候，都表现出了一种同仇敌忾和奉献的精神。

就在罗沛霖到盐店子延安通信材料厂不久，周建南、孙友余、孙俊人也离开了解放社，都来到军委三局。周建南和孙俊人是到设在富县督河村的延安通信学校，孙友余是来盐店子通信材料厂，罗沛霖觉得在技术上又有了帮手。但没过多久，孙友余也去了督河村，在延安通信学校当教员。

孙友余走了，钱文极来了。钱文极是苏州人，比罗沛霖小三岁。和罗沛霖一样，他也是在上中学时喜欢上了无线电。1936年他考上了上海同济大学，虽然同济大学没有机电系，但钱文极对无线电的兴趣，并未减弱，仍然是像在中学时一样，业余进行。在大学念了一年，抗战爆发，在上海也念不成书了，他便和三个要好的同学商议，决定到延安参加革命。来延安后，钱文极被分配到军委三局材料厂，和罗沛霖一起工作。他的任务是负责装配车间。每天吃过晚饭以后，也搞点文体活动，就是打篮球和唱歌。罗沛霖和钱文极都喜欢打篮球，罗沛霖从中学到大学，一直是篮球场上的活跃分子。钱文极在学校时受过篮球技术的专业训练，动作比较正规，投篮的命中率也较高。王诤对篮球更是有着一种特殊的爱好，因为个头高，常打中锋。中国共产党六届六中全会期间，王诤打中锋，罗沛霖打右锋，钱文极打左锋，王子纲和材料厂的机工黄凤梧打后卫，代表三局在桥儿沟与二局进行了一场篮球表演赛。盐店子村口有一个小庙，在小庙的西边修了一个篮球场，晚饭后罗沛霖和钱文极就到这里打一会儿篮球，然后便回到窑洞里去刻度盘。时间不长，两个人就成了亲密的同志，知心的朋友。

在深夜，他们刻着度盘，像是雕刻一件献给祖国的工艺品。有一天，两个人一直刻到夜里两点才休息。他们没再回到宿舍去，而是把大衣一裹，伏在桌子上睡起来。钱文极是一闭眼就睡着了，在这深秋寒冷的夜里，睡得是这样香甜，发出了畅快的鼾声。罗沛霖却睡不着了，竟然没有一点睡意，他干脆走出窑洞，上到一个小山顶上。头顶上是逐渐淡去的星斗，在东方天际，开始泛白，泛红，太阳将从那里升起。越过苍茫的山野，他仿佛看到自己的部队在拂晓时向敌人发起攻击。于是，他的心，通过祖国神圣的天空、银河和星斗，和前方的战士相连在一起。这时，祖国和抗击日本侵略者的民族解放事业，占有了他全部的感情。他来延安将近一年，特别是到通信材料厂来，每天都是在紧张繁忙的工作中度过，他已经有显著的进步和变化。他现在能够用整个的身心，拥抱祖国的山野。祖国的一切，大地和天空，山川和树木，对于他竟然是这样亲切，这样密不可分，这样紧紧相连。于是，一首关于通信材料厂的民谣体诗歌，在他的脑海里形成了：

> 通信事，千里眼，顺风耳，
> 千秋业，有线先兴无线继，
> 微波散射电离层，流星存余迹。
> 上海始，瑞金起，延安军委建三局，
> 盐店子，好集体，抗日救国齐效力；
> 起子螺钉，烙铁焊锡，
> 车锉刨磨，苦战争无敌。
> 人辈出，果累累，事业辉煌谁能比；
> 养兵千日用千日，千里决战通千里；
> 百尺竿头建新功，中华民族好儿女。

钱文极是通信材料厂党支部的文体委员，兼任厂俱乐部主任，罗沛霖把自己写的这首《延安通信材料厂厂歌》拿给了他，说：

"你看看，我写了点东西。"

钱文极接过来认真看了一遍，说：

"好，内容丰富、具体、实在。想不到，你还是个诗人呢。"

"什么诗人。"罗沛霖说，"我只不过把对材料厂和对同志们的热爱之情写了进去。你改改吧。"

"我看不用改。"钱文极说，"谱曲时，可能要根据音韵节拍的需要再改动的。你看是用现成的旧曲套用，还是请人作新曲呢？"

"旧曲套用，哪有合适的？"罗沛霖说，"一是不好找长短合适的旧曲，二是旧曲和新的内容怕是有矛盾吧。"

"你说得有道理，那就找人作新曲。"钱文极说，"可是，找谁呢？"

"我倒是有一个人。"罗沛霖说。

"谁？"钱文极问。

"吕骥。"罗沛霖说。

"那自然好，他为《抗大校歌》谱的曲子，多好。"钱文极说，"可他是著名作曲家，求得动吗？"

"我认识吕骥，他会给谱曲的。"罗沛霖说。

后来，吕骥真的为《延安通信材料厂厂歌》谱了曲。这首歌曲，由钱文极教唱，在延安通信材料厂唱了起来。

段子俊大约在延安通信材料厂工作了半年，就到中央敌区工作委员会去了，专门对敌占区电台工作，也和莫斯科联络。段子俊一调走，上级没有立即任命新的厂长，而是由王诤兼任。由于王诤工作忙，每星期只能到通信材料厂来一两趟。因为孙友余已经去了通信学校，技术人员就剩下罗沛霖和钱文极两人，还有政治协理员童铣，他管政工。有些事他们三人一起商量解决，相互配合很默契。

这是罗沛霖生活得最愉快的时期。生活虽然艰苦，但他感到非常充实，他把全部的精力都投入到设计制造电台的工作中，整天和收发报机的部件打交道。为了提高工人的技术水平，他抓紧一切机会给他们讲解无线电方面的理论知识。他自己，也向巧手的工人们学习实际操作的本领。他也亲自手摇车床，累得他呼呼喘气的声音，就像铁匠烘炉的风箱一样。汗水滴落下来，洇湿了脚下的一片土地。他在上中学时，下午放学后曾帮助木工师傅劳动，对于拉锯推刨有着特殊的兴趣。钱文极在这些方面，更有功夫。他们时不时地去到木工车间，和工人一起，把杜梨木做成电台机壳和度盘。杜梨木配件做好后，外表抹上一层凡立水，然后再涂上一层洋干漆，也就是紫胶，能形成很亮的光泽。这上油漆的方法，还是王诤教给他们的。

到1939年晚夏，延安通信材料厂，一共生产了几十台收发报机，供给抗日前方使用。

依依惜别

自从武汉、广州相继失守以后，整个中国的抗战形势，变得更加严峻。日本在正面战场对蒋介石进一步诱降，国民党军队在正面战场节节败退。于是，日军便抽调大批兵力，进攻八路军，认为这才是它的真正的对手。投降的空气笼罩着整个国民党机构。为了讨好敌人，蒋介石开始策划反共的阴谋。蒋介石心里比谁都清楚，十余年来与共产党进行的殊死斗争，他丝毫也没忘记。尽管现在国共合作，这是形势所迫，权宜之计，共产党始终是他的真正的心腹之患。

于是，延安的形势紧张起来。在东面，不仅有日军在黄河东岸陈兵，而且阎锡山也在策划消灭共产党领导下的抗日决死纵队；在西面，马鸿逵声称东下抗日，要借道延安；在南面，种种迹象表明，胡宗南将有进攻延安的动向。

中共中央不得不采取紧急措施，有相当一部分干部要疏散到大后方。延安通信材料厂也要缩编，虽然大家都不愿离开，可是必须得有人走。钱文极对罗沛霖说：

"我出来的时候，还只是个念了一年的大学生，没什么社会关系，重庆那边，没有一个认识的人。"

"说心里话，我好不容易才投奔到延安来，大家又一起相处得这样好，突然要离开，我不愿意。我只想如何在这里好好干下去，为抗日多出力，多流汗，根本就没想过离开这里的事。"罗沛霖说，"可是形势紧张，又必须有人离开，服从组织决定吧。"

"组织决定是要服从，个人有什么想法也可以提出来。"钱文极说，"过去我爱好无线电，现在又跟你一起真刀真枪地搞了这一年无线电，更觉得无线电趣味横生，奥妙无穷，我是想一辈子搞下去。"

"如果组织上决定我留下来，这自然再好不过，我当然高高兴兴地干下去。"罗沛霖说，"如果组织上决定我走，我就痛痛快快地走。重庆我有关系，我原来工作过的中国无线电业公司早已迁到那里，我的同学和同事，他们会掩护我的。"

一天，罗沛霖接到通知，让他到总政组织部去。接待他的人叫李泰元，还让他记下自己的名字，以便今后联系。李泰元讲了延安的形势和中央的决定，最后说：

"你从大后方来，那里有掩护条件，因此，经研究决定，你去大后方。"

因为罗沛霖已经有了思想准备，便说：

"我服从组织的决定，什么时候动身？"

"交代完工作，做些动身的准备，就可以启程了。"

当罗沛霖告辞出来，李泰元说：

"你去大后方，可写信和我们联系。"

接着，王诤又和罗沛霖谈了话，鼓励罗沛霖到了大后方，继续保持和发扬在延安的革命精神，并经常设法联系。

"请王局长放心。"罗沛霖说，"到大后方去，虽说一时离开了革命的集体，但在我的思想上，永远也不会离开组织，离开革命的。"

"你是从延安去重庆的，可能会遇到一些麻烦。"王诤关切地说，"为了减少麻烦，需要改个名字。"

"我现在就改。"罗沛霖说，他忽然记起小时候读过的《千字文》中，有"容止若思"一句话，便给自己改了名字，"就叫容思，罗容思吧。"

"容思，罗容思。"王诤默念了两遍说，"好，我记住了。在外边随时想办法，让我们知道，总还要保持联系嘛！"

定下去重庆后，罗沛霖给杨敏如写了一封信。在信中，他只说要到重庆去，并没有说为什么要离开这里和到重庆去做什么。只是告诉她，以后写信用罗容思这个新名字。

罗沛霖还想把组织上要他去大后方一事，告诉在通信学校的周建南、孙友余和孙俊人。没想到，周建南和孙友余却来盐店子找他了。他们是来告诉罗沛霖，总政组织部和他们谈了话，让他们去大后方重庆。他们来这里，一是向罗沛霖告别，二是请罗沛霖介绍些重庆的关系。结果得知，罗沛霖也去大后方。他们一起进了延安城，在延安东关外一家小饭铺里，罗沛霖请周建南、孙友余吃了一顿饭。罗沛霖为周建南写了一封信，让他到了重庆，去找第二十四兵工厂的交大同学陈湖。

周建南、孙友余先动身，罗沛霖走得稍晚些，他们约定，在重庆会合。

在罗沛霖来延安以后，杨敏如就和基督教决裂了。她不再祈祷，在祈祷中得不到安慰。1938年冬天，她在燕京大学毕业了，但却要在1939年暑假才能拿到文凭。这半年，国文系主任郭绍虞留她作了助教。1939年暑假拿到毕业文凭后，她还是没有机会脱离沦陷区，到内地去。郭绍虞让她考研究生，她考上了，研究生的奖学金和助教的工资一样多。但是，她并不想在敌人刺刀下的沦陷区得硕士学位，却一直在寻觅离开灰色平津的机会，以偿自己抗日的心愿。

就在这时，杨敏如收到了罗沛霖的来信，告诉她准备去重庆。她不清楚发生了什么事情，但她绝对相信，罗沛霖不会在革命的道路上有所动摇，半途而废，也不会因为儿女私情离开延安。那么，究竟为什么会离开延安，又为什么要去重庆呢？杨敏如猜想，既然蒋介石和共产党联合抗日了，也许是工作有所调动。于是给罗沛霖写了回信。她似乎有一种预感，和罗沛霖会面有望了。

第四章
雾　中

去重庆

　　时间不长，罗沛霖等到了去西安的汽车，于是他便动身了。西安不是罗沛霖的久留之地，也不便在八路军办事处住宿。他购买了开往平凉的汽车票，茅以南一家现在平凉。茅于文的妹妹茅于泰在西北联大学习，刚好放假回来。茅以南夫妇和女儿见到罗沛霖，都非常关心地问起他在延安的情况。罗沛霖如实地讲了他在延安的工作和他对延安的眷恋。茅以南说：

　　"沛霖，你在这住下，休息好了，再到重庆去，投入新的工作。这里不断有车去重庆，坐这里的便车，路上也好有个照顾。"

"说不定你还能和大奇、姐姐一起走。"茅于泰说,"大奇想离开兰州电厂,到重庆金陵大学教书去。"

过了些日子,兰州电厂厂长去重庆,路过平凉,来看茅以南。于是,罗沛霖便和这位厂长一起,先坐小汽车到了咸阳,再乘火车到宝鸡。在宝鸡电厂,有资源委员会的一个车队,一共五辆卡车。罗沛霖他们坐在驾驶室里和司机在一起,虽是长途跋涉,也不算苦。他们经汉中,再到成都,最后到达重庆,就住在资源委员会的宿舍里。也许是一路颠簸劳累,也许是一路吃喝不当,罗沛霖到重庆两三天就发起疟疾来。在资源委员会的宿舍里住没人照顾,他便找了梁翕章。梁翕章住在一个小楼的三层,一层住着王端骧,二层住着章乃器。王端骧在一层找了个小房间,安排罗沛霖住下,王端骧的夫人每天都煮稀饭给罗沛霖吃。在梁翕章、王端骧两家的关心照顾下,罗沛霖的病虽然不轻,不久也就好了。

罗沛霖想先了解一下重庆的情况,并且和组织取得联系后,再根据组织的指示展开工作。他这是第一次来重庆,很想到街上走一走。他走进一家书店,书店开架售书,他便一本本地翻看起来。突然,有一个人从罗沛霖的背后搂住了他的腰。罗沛霖心想,莫非他刚到重庆,就被国民党的特务盯上,要被抓捕吗?他让自己冷静沉着一些,不要慌,静观一下事态的发展。可是,这时并没有任何动静,于是他便回头看了一眼,结果让他大为惊喜,"啊"了一声,说:

"真没想到,原来是你。"

"我也没想到，在书店里碰上你。"

这人是孙友余，罗沛霖便和他走出书店，就近找了家茶馆，一边喝茶，一边谈起来。

"我一到重庆就病了，发疟疾。"罗沛霖说，"这一病就是十几天，幸亏有原来中国无线电业公司同事王端骧和梁翕章两家照顾，才得以很快康复。这不，病刚好，我就准备找你们了。想先去第二十四兵工厂陈湖那里，看他知不知道你们的行踪。"

"我们到重庆后，建南就先在华生电器厂当上了技术员，最近又经陈湖联系，准备去第二十四兵工厂当工务人员，主要是为了便于开展工人运动。"孙友余说，"我呢，还一直没找到合适的工作。"

"那好，我们就一起找工作吧。"罗沛霖说，"我想还是应该尽快和组织联系上。离开延安的时候，组织部门让和李泰元联系，怕是不能这样做，这会暴露我们的身份，在重庆待下去，会出事的。在洛川就遇到了麻烦，国民党青年接待站非要扣留下我们，我没暴露身份，只说是工程师，到重庆来工作，总算放了我。还不知道别的被扣留的同志，结果如何呢？"

"我们离开延安的时候，组织部门也是让和李泰元联系，当时我们就想，这怕是不大可能。但也没提出意见，到重庆看情况再说。"孙友余说，"从延安出来，我们是步行，过洛川时没进城，躲过了国民党青年接待站的检查，也就没有遇到麻烦。到了重庆，也是在路上，我们碰上徐冰同志，和组织联系上了。"

"离开延安的时候,王诤局长对我说,到了大后方,有事和他联系。"罗沛霖说,"可是在重庆,又怎样和他联系呢?"

"你今后也和徐冰同志联系吧。"孙友余说,"我就去和他说,你来重庆了。"

徐冰在中共中央南方局负责统战工作,和徐冰联系,自然就是和组织联系,罗沛霖很高兴,心里踏实下来。他告诉孙友余说:

"离开延安的时候,王诤局长让我把名字改了,今后在重庆,大家就叫我新改的名字罗容思吧。"

孙友余很快就向徐冰报告了罗沛霖来到重庆的消息。徐冰立即安排,让罗沛霖到曾家岩来,董必武要见他。

于是,在一天晚上,罗沛霖来到曾家岩,这是周恩来办公的地方,外边人也叫周公馆。董必武非常关切地询问了罗沛霖一路上的情况,在洛川被扣,尤其问得仔细。罗沛霖最后说:

重庆曾家岩

"王诤局长让我和他联系，如果方便的话，请董老把我到重庆的情况告诉王诤局长。"

"这没问题。"董必武答应说，"我们会把你在重庆的情况，告诉王诤同志的。"

从此，罗沛霖正式和党组织接上了关系。他经常和徐冰见面，一般约会都是由孙友余通知，晚上去，谈完事情就在那里睡下。第二天，天刚亮时起来就走，因为这个时候，路上行人尚少，如果有国民党的特务监视，会很容易发现，从而也就能够及时采取必要的防范措施，以免受到损失。

因为日机的不断轰炸，重庆林立的颓垣破壁，给人一片废墟的感觉。这是一个山城，马路都是高高低低的，没有北平、天津、上海、南京那样平坦。秋末天气，阴冷潮湿，难得见到太阳。抗战开始后，国都从南京迁到这里，政府各部门的官员，各界知名人士，一时云集到这里，原来的各项设施器物，都不能满足需要了。这里最刺眼的是贫富悬殊，路上时有"倒卧"，蜡黄的脸，精瘦的躯体。但高楼大厦，达官贵人出出进进，却一派繁华鼎盛。

住房尤其紧张，租房是很困难的。孙友余自从来到重庆以后，因为还没有找到固定的工作，也就没有安排固定的住处。罗沛霖现在也是临时借住，长住下去也不合适。于是，他们商量，找一个地方，搬到一起来住。

孙友余手里几乎没有钱了，罗沛霖手里还有点儿，两个人花，必须注意俭省。他们在上清寺租了一间简易的竹笆房子，在嘉陵江南岸,紧挨着嘉陵江。嘉陵江的涛声很响,刚搬来这里,夜间他们常常被这种激动的水声惊醒,就很难再睡了。屋里黑暗,外面是弥天大雾,看不到星月的光亮。

虽然他们都被嘉陵江的涛声惊醒,但在开始,他们各自还都尽量保持安静,不要再弄出一点声响,怕干扰了对方的睡眠。当互相确认没有睡着的时候,便悄声地说起话来。他们的谈话,总是围绕着当前的形势和他们在重庆的任务。有一次,罗沛霖向孙友余讲了自己迫切要求入党的愿望。孙友余表示,他要立即向徐冰和董必武汇报。作为战友,他还讲了许多热诚鼓励的话。

罗沛霖这是第一次提出入党要求,他是郑重严肃的,也是热切希望的。他的心情很激动。听完孙友余的话后,他便穿上衣服,走出门外。外面,仍然是大雾满天。重庆的雾虽是白色,却不透明,满布高处,实际上就像是阴天一样,整个冬天很少有放晴的时候。罗沛霖来到江边,顺着水流往东慢慢走去。嘉陵江的涛声依旧,像是隆隆的鼓声,激励人们奋然前行。罗沛霖抬头望望,眼前阴沉沉的,但在江水流去的地方,在远处和江面上,太阳正冉冉升起。

经梁翕章介绍,罗沛霖结识了章乃器。章乃器正想筹办一家企业,是由上海银行出资。章乃器说:

"能不能办一家无线电厂?"

"能。"罗沛霖说,"自从四年前我在交大电机系毕业以后,一直是在做无线电工程的设计研制工作。"

梁翕章也在一旁帮腔说：

"罗先生可以说是无线电工程技术专家，在上海中国无线电业公司，非常成功地设计了一些无线电电路，还制造了各种铁心电感器件，令人称羡不已。此次和章先生合作办厂，想来一定会有上佳表现，章先生尽管放心。"

这次见面之后，很快，章乃器又把罗沛霖找到他家里去，说：

"出资本的上海银行方面提出，能否找人证明一下你的本领。请罗先生不要见怪，这不是不信任，这是工作程序。"

罗沛霖立即想到，证明人最好是曹昌，曹昌对他的技术水平比较了解。再说，曹昌本人，清华留美，回国后一直搞无线电制造，是有名望的行家。于是，他便对章乃器说：

"可否请上海银行方面找曹昌先生了解？"

"可以。"章乃器说，"你也可以先和曹先生打个招呼，让他思想上有个准备。"

上海银行方面派人到重庆郊区的歌乐山，找到了曹昌。曹昌高度评价了罗沛霖的技术水平，认为罗沛霖是一位少有的无线电工程方面的工程师，知识广博深厚，思维敏捷独特，设计研制产品，总有创造发明。

"难得，难得。"曹昌连声赞叹地说，"你们选他做工程师，算是选对了。"

接着，曹昌又毛遂自荐，说他来做经理最好，他和罗沛霖会很好合作的。

结果，上海银行方面的人答应曹昌参加，出任经理，章乃器也认为曹昌当经理好。这样，以章乃器为总经理的上川实业公司便建立起来了。以曹昌为经理、罗沛霖为工务课主任的电机厂也成立起来了。

关于成立上川实业公司电机厂一事，罗沛霖去向徐冰做了汇报。徐冰说：

"这很好，办吧。章乃器先生是著名的爱国民主人士，要和他搞好团结，要尊重他，帮助他把工厂办好。友余同志也要参加进去，建立一个秘密工作基地，一要掩护一些在重庆工作的同志，二要团结一批进步青年科学技术人员。"

罗沛霖认真地听着，牢牢地记在心里。

"沛霖同志，有一件事我还要和你谈一谈。"徐冰接着说，"关于你要求入党的问题，友余同志已经向我和董老谈过，我们研究过了。党组织是欢迎你的。但是，为了便于做统一战线工作，根据董老的意见，决定你留在党外，做党外布尔什维克。董老特意要我和你谈谈，看你有什么意见和想法？"

罗沛霖听说让他留在党外，心里不免有些委屈，但他随即遏止了这种情绪。他说：

"一切听从党组织的安排，我个人没有任何意见和想法。"

"这就好，服从组织的决定，这是一个革命者的起码的品质。"徐冰说，"沛霖同志，组织上是按照一名党员的标准来要求你的，组织上是信任你的。"

"徐冰同志，自从奔赴延安参加革命起，我就时刻以一名共产党员的标准来努力要求自己了。"罗沛霖说,"只是,我做得还很不够。今后,我要更加严格地要求自己,不管解决不解决组织问题,我都要努力争取做一名真正的共产党员,为革命事业,贡献自己毕生的力量。"

和徐冰谈话结束后,罗沛霖并没有立即去睡,他很兴奋,没有一点睡意。他想着刚才徐冰和他的谈话,要他做党外布尔什维克,这是党组织对他的信任,他感到自豪和光荣。他想着,如何和周建南、孙友余一起,做好科学技术人员的统一战线工作。张大奇已经从兰州来到重庆,为了维持生活,先在金陵大学教书。但张大奇不愿教书,想进工厂。他看见报上有一则启事,是大公铁工厂征求厂长,便去那里干了两个月。正好,上川实业公司还想办一个机器厂,罗沛霖便准备找章乃器,推荐张大奇去当厂长。陈湖早已在第二十四兵工厂,陈湖是骨干力量,这没问题。还有梁翕章,和沙千里搞了个建国机器厂。姜长蕃也快从桂林回到重庆来了,这也是一名爱国志士,热血青年。杨锦山在贵阳,可以在那里开展工作……想着,想着,天放亮了。罗沛霖要在这个时间离开这里。于是,他走出来,看不清周围都有些什么人。他便一边走,一边谛听身后有没有跟踪人的脚步声。如果发现有可疑的人跟踪,就必须想办法甩掉,不能引到自己真正要去的地方。早在西安,罗沛霖每次从七贤庄八路军办事处出来,为了不给他住宿的茅家惹麻烦,无论有没有特务盯梢,他总要绕些弯路,穿过闹市,再回到住处。重庆的特务要比西安多,罗沛霖就更加小心,他也积累了一些经验，没有出过问题。

章乃器在临江门租了一所很大的院落，前面是上川实业公司；后面的大四合院，他搞了兵役促进会，这是一个群众团体，组织青年人入伍抗日。罗沛霖在和徐冰谈过话之后，与章乃器谈有关电机厂工作的时候，说：

"章先生，我有一位上海交大同学，名叫孙友余，他也是学的电机工程，比我年级低些，年龄也小些。走出校门以后，他也是一直搞无线电方面的工作，起初是在器材厂当技术员，后来去学校教书，但他还是希望在工厂做些实际的技术工作。"

"叫他来吧。"章乃器听了，表示同意。

"怎么安排呢？"罗沛霖问。

"协助你抓生产。"章乃器说，"就叫工务干事，可以吧？"

"好吧，就按章先生的意见办。"罗沛霖说。

"电机厂就算是建起来了。"章乃器说，"我还想把机器厂也尽快建起来，罗先生在科技界有不少朋友，希望能推荐一位有本领的人，来做机器厂的厂长。"

本来，罗沛霖就想，在向章乃器谈过孙友余的事以后，接着就谈张大奇的事。没想到，还没等他言声，章乃器却先开口谈起建立机器厂的事。这真让罗沛霖感到喜出望外，他可以顺理成章地向章乃器推荐张大奇了：

"章先生，自从您谈过上川实业公司的设想，不仅要搞一个电机厂，还要搞一个机器厂，我就想过，有一个人，我看是很合适的。"

"请讲。"章乃器说。

"也是我的同学，叫张大奇，是茅以升先生的侄女婿。在天津南开中学和我同学，在上海交大，我们同读电机系。毕业以后，他相继在上海电力公司、杭州电厂、兰州电厂工作，现在大公铁工厂当厂长。"

现任厂长是个很有利的条件，罗沛霖特别讲到了这点。

"不用介绍了，这是机器厂需要的最理想的人才。"章乃器感到格外欣喜，好像机器厂也像电机厂一样办了起来，"请你去找这位先生，如果他愿来上川，那是再好不过；如果他有什么想法，不愿来或者犹豫的话，那我就拜托你，千方百计把他请到上川来。总之，上川机器厂的厂长，就是张大奇先生了。"

罗沛霖暗自庆幸，心想这无须做工作，张大奇那里就等着走马上任了。

在抗日战争敌我相持阶段，中共中央南方局为了贯彻中央关于克服投降危险，坚持抗战、团结、进步，力争时局好转的基本方针，在国民党统治区的文化、教育、工商、青年、妇女各界，广泛开展交朋友和各种进步的群众活动，以巩固和扩大抗日民族统一战线。周建南、孙友余和罗沛霖从延安来到重庆以后，在徐冰直接领导下，积极参与了这一工作。而且在不长的时间，就站住了脚跟，为进一步开展工作，创造了许多有利的条件。他们经常到曾家岩来，汇报工作，听取指示。

"根据周副主席和董老的指示，我们要着手筹建一个青年科学技术人员协进会。"徐冰在一次听完汇报后，对周建南、孙友余、罗沛霖说,"党对这一组织的要求是:以党员和党的积极分子为骨干掌握领导,在抗日救国的基础上广泛地团结青年科学技术人员,在钻研、交流科学技术的同时,提高他们的政治觉悟,逐步形成一个规模较大的拥护我党政治号召的群众团体;还要求,在广泛的公开活动中建立可利用的社会关系,获取有用的情报资料,并安置一批地下党员和积极群众,必要时执行党的秘密任务,以及培养和物色一批思想进步的科技人员,根据需要送去解放区或为将来建设新中国准备人才。进行这一工作,所应采取的方针是:先抓进步骨干,在骨干中统一认识;然后依靠进步骨干,介绍爱国心较强的正直的青年科学技术人员入会。"

"沙坪坝、磁器口是学校、工厂科技人员集中的地方,应该作为工作的重点。"周建南说,"我可以先去同第二十四兵工厂的张兴富取得联系,他是沙磁区特支书记。"

"还可以通过救国会青年组的郑代巩,同参加过民先队、学联的陈希、沈谱等取得联系。"孙友余说。

"孙克定在生活书店组织了一个科技人员读书会,也可以和他取得联系。"罗沛霖说,"这样,读书会的成员也就可以成为青年科学技术人员协进会的成员。"

"还有你们交大的一位学长,不知你们听说过没有?"徐冰说,"他就是刚从德国取得电冶金工学博士学位回国的李文采。据我了解,他是1931年在上海交大毕业,和你们一样,也是读的电机系。他的父亲你们一定知道,大名鼎鼎的民族资本家、

罗沛霖（前排左一）与张哲明、孙友余、李文采等合影

久大盐业公司总经理李烛尘。李文采大学毕业后本来可以从商、办企业或是深造，但是他没有这样做，因为在上学期间便加入了共产党，毕业后毅然投笔从戎，参加了洪湖赤卫队，建起了一个电台。父亲思想开明，并不反对李文采参加共产党。后来，洪湖红军撤到湘西，电台掉了队，李文采去了德国，学习了六年。国外优裕的生活条件没能留住李文采的报国之心，辗转两个月，回到了弥漫着抗日战火的祖国。"

"我们一定去找李文采。"周建南说，"通过他，与久大盐业公司、永利化学公司等工业界上层人士建立较密切的关系。"

"还可以利用进步同学关系，在外地开展工作。"孙友余说，"广西的高昌瑞，他是我和建南同志的同班同学，曾任交大学生会主席，因搞学生运动被学校开除，现在已经从浙大毕业，暂在广西宜山工作。"

"贵阳的杨锦山,曾经和建南、友余同志一起约定去延安,行前因病未去成。"罗沛霖说,"他可以在贵阳开展活动……"

"成都可以找许锡瓒。"周建南说,"还有昆明、桂林等地,都可以找人联系。"

他们讨论得很认真,很细致,很具体,对于组建党领导下的这一群众团体,充满了信心和希望。

青年科学技术人员协进会成立后,组织发展很快,周建南特别邀请高昌瑞、张哲民从广西和贵州来重庆参加协进会总部的工作。高昌瑞和周建南、孙友余在交大是同班同学,自然对他很了解。张哲民是高昌瑞介绍的,是他在浙大的同学,1935年考取浙大土木建筑系。浙江大学学生运动很活跃,张哲民都

1996年"青科协"同事再聚首。前排左起:沈栋臣、杨敏如、维汤莊、楚云;后排左起:张哲民、杨锦山、罗沛霖

积极参加了。协进会首先在重庆的各区组成会员小组,在成都、贵阳、桂林、遵义、浙东成立分会,会员发展到二百余人。为了加强各地会员之间的联系和交流经验,出版了会刊,报道会务和会员活动情况。再就是与社会名流、进步专家和教授联系,取得他们的支持,扩大影响。还有,就是钻研科学技术和开展科学普及活动,以及进行政治思想宣传教育。

最关键的一项是兴办企业,要靠企业支持协进会的会务经费;要有企业发挥科技人员专长,应用技术知识开发资源,为社会服务;以企业做掩护,为党的秘密工作提供条件;在企业中安排一部分会员、进步知识青年和党员工作。为兴办企业,协进会专门在磁器口恒大饭店开会,决定成立巴克新建筑事务所、巴山石墨公司、新机电工程公司、川东企业公司,分别由周建南、孙友余、罗沛霖、李文采、张哲民和张兴富等人负责。企业的资金来源是个大问题,罗沛霖作为协进会的企业干事,他要想尽办法去筹措。

月有圆时

在罗沛霖来重庆之前,杨敏如便已经在谋求离开沦陷区了。1939年夏天过去,燕京大学还没有开学,杨敏如得知她已考取研究生,便先回到天津家中看看。这时,她的蛰居天津待命的七叔就要搬家,乘船去香港。临走前,堂妹悄悄告诉杨敏如,中国银行的一位职员,常和日本人打交道,曾经看过一个大学生名单及地址，这是日本人准备密切监视和侦察的。其中，就有杨敏如的名字和地址。杨敏如听后，也就对堂妹说，罗沛霖是去了延安，写信都由张大奇转。杨静如在昆明写信，涉及延安的文字，虽用英文来写，也未必保险。杨敏如并且告诉堂妹，燕京大学不断有人被捕的消息。她请堂妹去和七叔说，她一定要离开北方沦陷区，既是为了安全，也是为了得遂她的抗日心愿。七叔对她与罗沛霖的交往，始终不甚满意，杨敏如便也告诉堂妹，与罗沛霖不论结婚与否，她是不会再选择其他人了。

秋天开学后，杨敏如一面在燕京大学读研究生，一面等待七叔的消息。这一年天津发了大水，人们往南方去，可以在租界上船，直驶上海转香港。只要逃过日军在塘沽这一道盘查，就平安无事了。

杨敏如的七叔，这时已经到了香港，接受上级新的任命，作为中国银行副总经理束云章的两位副手之一，在束云章的率领下，大队人马去往西北组建雍兴公司，在天水建立中国银行。他从女儿那里知道了杨敏如的心愿和决心，便写信来叫杨敏如乘船经上海前往香港，他在香港等候杨敏如，然后一起到内地去。

接到七叔的来信，杨敏如当然高兴极了。但是，母亲怎么办？在英国的哥哥来信说，他就要回国了，但绝不到沦陷区，他将带他的英国未婚妻飞香港转赴内地。母亲说，她一生从二十三岁守着这三个儿女，现在还都没有完成婚嫁，而且都将在内地，她不能一个人孤守在天津。于是，她立刻叫杨敏如写信给七叔，要求带她们同去内地。

1947年杨宪益、杨敏如、杨静如三家合影

　　1940年2月，杨敏如和母亲终于等到开船的日期。她们乘的是二等餐间，塘沽上来的日军，看她们"很阔气"，又听她们说是去上海探亲，便没有刁难她们，很容易地通过了。母女二人到了香港，见到束云章所带大队人马及眷属，约数百人。杨敏如的母亲携带一生积蓄，对七叔表示她们母女的一切旅费，要他算清自付。杨敏如的母亲，就是这样一位要强的人。到了昆明，杨敏如和母亲看到了分别两年的杨静如。她正在西南联大读书，昆明抗日救亡的风潮，把她熏陶得更加热情奔放，也更加憧憬和向往新的生活。她祝福姐姐和罗沛霖的相聚，赞赏罗沛霖毅然奔赴延安，投身抗日洪流的胆识和勇气。杨敏如听到妹妹对罗沛霖的称颂，心里自然感到欣慰。当她在昆明等候行

期的时候，罗沛霖已经去看望先期到达重庆的她的七叔和母亲。母亲来信告诉杨敏如，罗沛霖带去一些点心，并且说他做的工作很好，工资很高。但人还是那么瘦。

杨敏如和罗沛霖终于在重庆见了面。他们有说不完的话，每次罗沛霖来，他们都到外面一边散步一边谈。杨敏如把自己所作的词全用毛笔抄了，给罗沛霖看。罗沛霖看过之后，为杨敏如题了《远梦词》《红蕤词》《月弯环词》三种集名。罗沛霖还给杨敏如拿来胡风主编的《七月》，还有一本法国共产党人巴比塞写的《从一个人看一个新世界》。最使杨敏如激动不已的，是罗沛霖给她讲述的延安生活、工作和他的体会。那是罗沛霖一生中最美好最难忘的岁月，那是一种崭新的生活，人和人之间是一种全新的关系。虽说大家都是来自五湖四海，却都是为了一个共同的革命目标，走到一起来的。延河流水伴奏着他们的歌声，宝塔山谷有他们歌声的回响；他们的青春的身影，映在清澈的延河水中，映在宝塔山的峭壁上……谈着谈着，罗沛霖的眼睛潮湿了，杨敏如还是第一次看到，这个她认为很刚强的人，竟是这样地动了感情。她自然也被罗沛霖的情绪所感染，虽然她并没有亲身经历过罗沛霖那段光荣快意的岁月，但是现在听罗沛霖讲述起来，也会感到特别的清新亲切，从而兴起一种身临其境的感觉。罗沛霖更让她敬重，也更让她感到亲切和可爱了。她为罗沛霖感到自豪，在祖国危难之际，罗沛霖义无反顾地参加了神圣的抗日战争，他是属于中华民族优秀儿女的队伍，是抗日战争中千百万战士中间的一个。

罗沛霖的朋友，孙友余、张哲民这些人，也使杨敏如敬佩，感到亲切。她还从他们那里借到高尔基的《母亲》、绥拉非莫维支的《铁流》、奥斯特洛夫斯基的《钢铁是怎样炼成的》等书籍。罗沛霖还拿给她《新华日报》，她也觉得很新鲜，很感兴趣。渐渐地，她看明白一些了，对于罗沛霖的追求，也有了新的理解。她似乎找到了罗沛霖变化的原因，是新的社会环境，新的生活氛围，使得罗沛霖产生了新的思想和新的感情……凭着女性的细致敏锐的感情，杨敏如感觉母亲也很喜欢罗沛霖了，似乎没有了过去对罗家的那种固有的成见。过去罗沛霖写给杨敏如的那些信件，母亲都看过的，还对人说，罗沛霖的信使她都感动了。

忽然有一天，杨宪益和他的未婚妻戴乃迭，从英国经香港来到重庆。杨宪益一见杨敏如的面，就惊讶地说：

"你还没跟沛霖结婚么？"

杨敏如当即反问了一句：

"你怎么知道我会跟他结婚？"

"当然啦，他是好人。"杨宪益说，"你怎么能不跟他结婚呢！"

杨宪益见了罗沛霖，故友重逢，互问别情。而杨宪益最感兴趣的，则是罗沛霖讲述延安的情况。杨宪益在英国六年，为了抗日援华，他和戴乃迭做了很多实际工作。他不求英国博士学位，做英国博士，还要向英皇像屈膝一跪。因此，杨宪益宁愿得到两个硕士。他读了马克思的书，他对祖国的了解，得益于埃德加·斯诺的报道。从斯诺的书中，不仅仅了解到中国的革命，而更重要的是被这一革命所吸引，所以他写信称赞罗沛霖奔赴延安是去了"麦加"，这也正是他所向往的地方。他回国来，既是母亲不断写信催促，也是祖国的召唤，召唤儿女到抗日的前线，和敌人进行浴血的战斗。杨宪益的婚事，也是经过斗争得来。戴乃迭的父亲戴乐仁，曾经在燕京大学任经济学教授，戴乃迭就出生在海淀。戴乐仁后来做工合工作，在成都居住。戴乃迭的订婚，父母都是反对的。而在英国，女儿到了结婚年龄，只需在生日那天，宣布她已订婚，父母就无权干涉了。但戴乐仁要女儿和杨宪益答应，在中国住到一年以上再结婚，看看是否受得了这里生活的不便和苦处。戴乃迭来重庆不久，她的父亲就来了，她竭力表示自己很快活。她的父亲看到杨敏如和母亲，都那么温和，也就放心了。

杨宪益才到重庆，杭立武就来找他，请他吃饭。杭立武曾经任过国民政府驻英国大使，他要杨宪益做的事，杨宪益都拒绝了。杭立武还要杨宪益入国民党，杨宪益说"君子不党"，也拒绝了。他向往的是延安，是共产党。他对罗沛霖说：

"我要到延安去！"

"乃迭怎么办？"罗沛霖说。他理解杨宪益的心情，他自己有过这种体验。可是杨宪益刚刚从国外回来，去延安也还有许多实际的问题，便先讲了戴乃迭怎么办。

"托你和敏如关照。"杨宪益说，"等我去一段时间，如果可能的话，就让她也去延安。她读过斯诺的书，她向往中国的革命，关心中国的前途，这也正是我们能够结合的思想基础。"

"母亲呢？"罗沛霖又说。

"母亲是识大体，顾大局的。"杨宪益说，"过去我在国外，她觉得相距遥远，现在回到祖国，就是来到了她的身边。再说，有你和敏如，他会让我走的。"

"这事先别和母亲、乃迭她们讲，我先帮你联系一下，看看情况如何。"罗沛霖说，因为他知道，去延安也不是一个简单的事，要有一定的手续。何况，杨宪益又是刚从国外回来，就更需要让组织了解。

"好吧。"杨宪益说，"希望快些。"

罗沛霖把杨宪益要求去延安的事向徐冰做了汇报，并且约定了一个时间，和杨宪益见面谈谈。当罗沛霖把这一消息告诉杨宪益，他格外高兴，于是便按照约定的时间，跟着罗沛霖来到曾家岩。徐冰非常热情，紧紧地握着杨宪益的手说：

"杨先生，非常欢迎你回来参加抗日战争，更欢迎你到延安去。"

杨宪益听到这里，以为他去延安的愿望就要实现了，感到格外惊喜，连声说：

"谢谢，谢谢。"

"可是，根据抗战形势的发展，我们认为你还是留在重庆参加抗日工作，更能做贡献。"徐冰说，"也就是说，重庆的工作更需要你，在这里更有利于发挥你的才能。"

杨宪益叹了口气，知道去延安的梦想破灭了，但他还是恭听着徐冰的谈话。徐冰简明扼要地论述了抗日战争的防御、相持、反攻三个阶段之后，说：

"现在，虽然正处在战略的相持阶段，但反攻阶段必定会到来的。中国人民不但能够打败日本侵略者，还要建立一个新的中国。"

一听到建立一个新的中国，杨宪益因为不能去延安而低落了的情绪，才又高涨起来。

"建设新中国，是需要人才的。"徐冰接着说，"杨先生，不要你去延安，等抗战胜利以后，你给新的中国翻译莎士比亚。"

虽然去不成延安了，但听了徐冰的话，杨宪益的心胸和视野似乎开阔了许多。他觉得在英国六年的学习，在未来建立中华民族的新文化事业中，会起作用的。他说：

"那我就不去延安了，留在重庆。今后有什么适合我做的工作，就请分配吧。"

"会有你做的工作。"徐冰说，"具体说，就是统一战线方面的工作，团结广大知识分子，为抗战做贡献。"

杨宪益用心听着徐冰的讲话，明确了自己今后努力的方向。他决定留在重庆，在中央大学教书。他想，那里也是知识分子集聚的地方，他要团结广大的知识分子，为建立中华民族的新文化而努力。

杨宪益带着未婚妻从英国回来，杨敏如又和罗沛霖见了面，最高兴的是母亲。母亲计划下一步，就是为他们操办婚事了。她带来六万元现金，这里有一万元是杨敏如的嫁妆费，但杨敏如不要什么嫁资，也不想买什么嫁妆，母亲索性把所有的钱都交给罗沛霖,让他和朋友们去使用。沛霖他们这些青年人,都很正派,都是好人。可是他们现在要办企业,缺少资金,自己手里有这点钱,交给他们使用,是应该的。

　　罗沛霖是在国民党发动第一次反共高潮时离开延安来到重庆的。现在,国民党又发动了第二次反共高潮——震惊中外的皖南事变,他和战友们今后在重庆的处境,一定会更加艰难。一天,他在上班的路上遇到孙友余。孙友余已经离开上川实业公司电机厂,离开了组建青年科学技术人员协进会所属的新机电工程公司。新四军那里出了事情,他已得到传达。他要赶紧通知罗沛霖,但不便到上川实业公司去找,也不便去罗沛霖的住处,就来路上等候。他简单地说明了情况,最后告诉罗沛霖:

重庆老战友聚会

"今天晚上到老地方去。"说完,孙友余便走开了。

罗沛霖明白,这是通知他今晚到曾家岩去。

傍晚,他去了那里,见到了徐冰。徐冰脸色严肃,声音沉重地向罗沛霖讲了皖南事变,分析了蒋介石发动的这次反共高潮,有两种前途,一是内战,一是我们打退了反共高潮,继续维持抗日统一战线的局面。我们当然要力争第二种前途,但不是妥协让步,而是针锋相对,通过斗争以求团结。不过即使争取到第二种前途,今后重庆的环境也会更加险恶,斗争将会更加复杂。目前,这里的文化人太集中了,为防意外的变故,需要做适当的疏散,一部分留下坚持工作,一部分去延安,一部分去香港。

罗沛霖专注地听着,自己究竟属于哪一部分。徐冰继续说:

"你是属于留下来坚持工作的一部分。因为你在重庆的工作,已经有了一个很好的基础,你在重庆还有隐蔽的条件,还可以坚持工作。总之,党需要你留下来。"

罗沛霖立即表示:

"服从组织的安排。"

根据党组织的指示,他将专做新机电工程公司的工作,并设法离开重庆一段时间,到外地去开展一次业务。他找到章乃器,借口有病,说自己想离开上川实业公司。章乃器作为七君子之一,早已是在蒋介石那里挂了号的人,一般情况,国民党的特务还不敢对他下手。但他也要尽量以温和面貌出现,宁愿在这时让罗沛霖离开,以淡化自己的政治色彩。章乃器心里明白，罗沛霖虽然一向做工程师工作，但毕竟是到过延安的人，皖南事变后重庆必然会出现白色恐怖，隐蔽一下，无论是对罗沛霖，还是对他自己，都是有好处的。因此，罗沛霖也就很顺利地离开了上川实业公司。

皖南事变，使杨敏如感到非常震惊。那年在中山陵，罗沛霖讲述蒋介石屠杀共产党，发动了"四一二"政变；在"九一八"事变中出卖了东北，连华北他都拱手让日本人来统治，竟然喊出"攘外必先安内"这样的口号，所谓"安内"，就是要尽力来剿共反共……当时杨敏如听罗沛霖讲述这些，总想也许蒋介石不至于那样坏。现在发生皖南事变，则彻底打消了杨敏如对蒋介石的最后一丝幻想，蒋介石竟然做出这样的事来。从这时起，她在思想上与国民党、蒋介石完全决裂了。

杨敏如和罗沛霖仍然按已定的2月16日结婚，他们也是想借此掩盖皖南事变的紧张情绪，让外人对罗沛霖的猜疑少一点。并且同意与杨宪益和戴乃迭一起举行双婚仪式，同样也是为了掩饰罗沛霖的革命面目。

在结婚前夕，杨敏如和母亲接到了罗沛霖母亲病逝的电报。但婚期已定，请帖发出，难于更改，母亲做主，暂不告诉罗沛霖。待结婚三天以后，再由杨敏如告诉罗沛霖。当罗沛霖得知母亲病逝的消息后，他很冷静，也很现实。从奔赴延安的那天起，他已经不属于自己的家庭，而是有了一位更伟大的母亲，这就是灾难中的祖国，战斗中的祖国。他已经投身在祖国的怀抱里，他正在为祖国的独立富强而奋斗。

1941年与杨敏如结婚

又一个创新

不久,新机电工程公司承包内江糖厂反应器,罗沛霖以总工程师名义任公司代表,准备前去内江。行前,他去见了徐冰,听取组织上还有什么指示。

"这个时期,除了交朋友,继续做统一战线工作,还应该将你的技术知识深入进行研究。"徐冰说,"如果我们的同志,都放弃本行不干,都要做职业的革命家,在社会上就难以站住脚跟,连自己的生活也难以维持,更谈不到起领导骨干作用了。我们当然一刻也不能放弃思想政治工作,但这并不和技术工作对立。我们只有在社会上站得稳,知识了解得深刻,才能有群众,才能找出改造社会的方法来。另外,对于青年朋友,也要引导和帮助他们致力于工程技术,将来可以凭着这些技术知识,为社会做贡献。因此，要努力培养他们成为实际积极的青年，将来新社会的建设，要依靠这批有正义感能积极工作的人。通过技术可以给新社会做出更多贡献。"

听了徐冰的话，罗沛霖很受鼓舞。他很佩服这些党的领导同志，无论在多么困难、多么复杂的情况下，对未来总是满怀着希望，这也就更坚定了自己的信心和决心。徐冰站起身，走到罗沛霖跟前，罗沛霖便也站了起来，徐冰用手抚着他的肩臂，说：

"沛霖同志，像你这样的专门技术人才，在建设新中国时，一定可以发挥很大的力量和作用。"

罗沛霖到了内江，任务并不重，也因为人地两生，没有什么应酬和干扰，于是他便利用这幽静的环境，把1936年在上海中国无线电业公司所研究的关于变压器等设计的成果，补充内容和数据，写成了论文。

当孙友余得知罗沛霖完成一篇论文后，非常高兴地说：

"正好，中国工程师学会在贵阳举行颇具规模的年会，组织上决定我和你，还有高昌瑞，一起去参加会议，借机结识团结更多的技术人员。沛霖，你把论文带上，说明我们不是空手而去，我们是有备而去。"

在中国工程师学会的年会上，罗沛霖宣读了他的关于变压器的论文，获得老一辈专家的好评。

"沛霖，真没想到你在技术上也取得了这样大的成就。"杨锦山兴冲冲地说，他在贵阳工作，他是青年科学技术人员协进会贵阳分会的负责人,他也出席了中国工程师学会的年会,"也没想到,在汉口一别,我没去成延安,你却去了。"

"我一直感念着你。"罗沛霖很真挚地说,"是你去延安的行动启发了我,感召了我,也引导了我,使我下决心步你们的行迹,奔赴延安。在延安见到建南、友余、俊人他们,一打听,才知道你因病未能成行。"

"这将是我终生的一件憾事。"杨锦山无限惋惜地说。

"你没去成延安,可你并没有离开进步爱国的队伍。"罗沛霖安慰地说,"我们不是一直在一条战线上工作吗?"

"要说也是。"杨锦山说,"我一直紧跟着时代的步伐,没有丝毫的懈怠。"

"让我们共勉吧!"罗沛霖说。

在一个酷热的晴天,罗沛霖乘坐江轮到重庆下游,在江北岸的一个竹笆房内,和周建南见面。周建南在广安开展工作,遇到危难,组织上决定他回延安去。

"建南,你这是因祸得福,回到我们日夜思念的延安去。"罗沛霖非常羡慕地说。

"不过,我们又要分别了。"周建南说。

一时间,两个人都沉默起来。过了一会儿,周建南问罗沛霖:"我回延安,有什么事要我做吗?"

罗沛霖略想了想,说:

"我只请你带去我对王诤局长和通信材料厂全体同志的问候。在见到王局长时,把我在重庆的工作,汇报给他听。"

周建南连连点头答应。

临别依依，周建南回了延安，罗沛霖继续留在重庆工作。

在重庆，以周恩来为首的中共中央南方局，对国民党反动派展开了猛烈反击，揭发和抗议国民党的罪恶行径。中国共产党的正义自卫立场，得到了全国人民和民主党派以及国际舆论的同情与支持。宋庆龄等人打电报怒斥蒋介石：今后必须绝对停止以武力攻击共产党，必须停止镇压共产党的行动。在中国共产党的还击和全国人民的声讨下，蒋介石陷于空前孤立，第二次反共高潮终于被粉碎了。重庆的紧张形势，也就逐渐有所缓和。一天，孙友余来找罗沛霖，交给他一个新的任务，到上川机器厂去。罗沛霖对党组织的指示，从来都是毫不迟疑地去执行，何况又是去上川实业公司机器厂，和张大奇一起工作。对此，章乃器也表示欢迎，张大奇更是高兴。

"你一来，我可就轻松了。"张大奇说，"不然，我一个人在这里，顾了吹笛顾不了捏眼。我想，除了铸铁炉我还管着，别的你就都管起来吧。"

"我听你的安排。"罗沛霖说，"可是，搞机器设计和制造，对我还是一次新尝试。"

实际上，有关机器设计和制造方面的知识，罗沛霖还是比较丰富的。在交大读书期间，去青岛实习时他就注意了机床原理；在延安时，他还通读了《机器手册》和机器制造的书；到重庆后，他又自修了关于精密加工的更深更新的外文书籍。但毕竟这是书本方面的知识，还需要在实践中来证明。张大奇说：

"我不也是一样,摸索着干吧。"

上川实业公司工厂所在地叫李家沱,在重庆长江上游南岸。整个机器厂的车间是建在一块巨大的岩石上,开凿了一个大山洞,有近二百平方米。办公室也是建在峭壁上面。在罗沛霖看来,这简直就是一件雕塑工艺品。工作之余,他常常站在洞口,望着山岩,望着长江,生出无限的遐想。

罗沛霖主持机床设计与加工制造。确实,他对这一行业,还不够精通,在此之前,无论是在学校的学习,还是走出校门以后,在南宁、上海、武汉、延安、重庆的工作,都是在电讯方面。但他觉得,自己也应该拓展工程技术的领域,运用从书本学来的知识,丰富自己的实践经验。而当他一旦对这种新的工作发生了兴趣,他便会全身心地投入到里边去。

机器厂的设备相当完备,是张大奇在湖南花两个月时间选购来的。还可利用电机厂的条件,罗沛霖在创办电机厂时,开了购货单子,经过上海银行从美国买了一些精密的机具,已经运到了。罗沛霖现在的任务,是仿造美国的一种车床。在制造中,他引用了无量具直接产生平面、直线、并行线面的方法,产品达到了可以和外国产品相媲美的精度,也达到了可与国产名牌相媲美的水平。

但是,上川实业公司的经营实在艰难。国民党在搞汽车和坦克,看上川实业公司电机厂和机器厂的设备不错,便强行买了过去,作为他们的修配基地。资方上海银行,也觉得办工业不如做生意好。因此,罗沛霖便没有了工作。这时,孙友余向他传达组织意见：

"你已结婚，有家庭负担，脱产不好办，还要再找工作。"

罗沛霖先是去了中国兴业公司的电讯厂，因为没有什么正经生产任务可干，经姜长蓁联系，又去了中央无线电器材厂重庆分厂，这时的厂长马师亮，也是上海交大电机系毕业。姜长蓁已从桂林到这厂里，任工务课课长，负责生产、设计和检验方面的工作。

罗沛霖进厂后的第一个任务，就是负责生产一百瓦多波段发射机。这种发射机比较复杂，还要自己制造许多元件。罗沛霖非常出色地完成了这项工作。并且在他的倡议下，由他和技术员一起设计了一种制造螺母的专用工具，解决了厂里自制螺母的大问题，工作效率提高了好几倍。罗沛霖还对模具车间提出不少建议，改进了模具车间的工作。他还参加了中国电机工程师学会年会，提出压缩载波功率双边带体制，创造了逆电流稳压电源，并完成了理论分析。

一天，姜长蓁问马师亮：

"厂长，罗容思干得怎么样？"

"好。"马师亮赞叹说，"有办法，有水平。他在中国电机工程师学会年会上提出的逆电流稳压电源问题，是中国无线电工程技术的一个创造性成果。"

姜长蓁为同窗好友干得出色，颇感欣慰和自豪，于是便说：

"我不是夸张，现在我们这些搞设计的，罗容思一个人能抵得上几个。"

但是，也有人向马师亮反映：

"罗容思从延安回来，你用他就不怕？"

"他从延安回来，是左派，这和我没关系。"马师亮说，"我用他，是搞技术。"

话虽是这么说，但马师亮对罗沛霖也还是一直悬着一颗心，总担心会在政治上出什么事，便把罗沛霖的活动严格限制在技术范围之内。罗沛霖在厂里也是小心谨慎，尽量发挥自己的技术专长，在设计室搞设计工作。

抗战胜利

虽然，罗沛霖在中央无线电器材厂重庆分厂的工作很繁忙，但他每星期都去城里秘密开展青年科学技术人员协进会的工作。孙友余已经在刘少文的直接领导下，担负起南方局的秘密交通工作。这项工作，必须要有公开合法的企业作为掩护，因此便利用巴山石墨公司的业务基础，由李文采、张哲民负责，成立了中国工业原料公司，作为开辟和掩护党的秘密交通的主要机构。在注册登记时，孙友余对罗沛霖说：

"大家商量，你也是股东。"

"好。"罗沛霖说。

"还要列名第一。"孙友余又说。

"行吧。"罗沛霖说，他对党组织的安排，从来不讲二话。

一天，罗沛霖正在厂里搞设计，突然听到街上热闹起来。

接着便听到广播,日本侵略者无条件投降了。罗沛霖也跟着厂里的职工们跑到街上去,只见人流滚滚,到处爆竹喧天。有人举手高喊:"天亮了!"于是便有人学起雄鸡啼叫起来。互不相识的人,这时候也紧紧握手,拍拍肩膀,甚至拥抱。还有些人联群结队,高声歌唱。

胜利了!胜利了!为了夺取这个胜利,中国有几千万人献出了生命。罗沛霖真想向着街上的人群讲说:如果不是八路军、新四军在敌后战场抗击了半数以上的日军,凭着国民党军队,不知溃退到哪里去了,怎么会有今天的胜利!

他没有再回厂里,而是直接回到家去。南开中学正放暑假,他不知道杨敏如母女是不是得到抗日战争已经胜利的消息,他

罗沛霖夫妇在重庆南开中学宿舍旧址前

要赶紧回去告诉她们。当他赶到家里的时候,孙友余几乎和他同时赶来了。孙友余每次到这里来,总是先恭恭敬敬地和杨敏如的母亲说上几句话。自从罗沛霖和杨敏如有了一个小男孩罗昕,他还要亲热地抱一抱孩子。这次也不例外,一进门就喊起来:

"伯母,知道了吧,日本投降了,我们胜利了!"

"知道了,知道了。"杨敏如的母亲说,"这不,我和敏如抱着孩子,刚从街上看热闹回来。"

"是啊,整整五年了,尽管你们生活并不富裕,有时甚至还很困难,您却从来也没有向我们提过那笔钱的事。"孙友余说,"可是,我们却从来也没有忘记啊!是在我们困难的时候,您慷慨支持了我们。去年建南回延安,还特别嘱咐我,一定不能忘了这件事,一定要永远记住伯母的恩情啊!"

杨敏如的母亲只是微笑着,没有说话。

这时,孙友余从口袋里掏出了两个小金锭,标准的一两重一个,用两个手指捏着,说:

"伯母,这个东西交给您,这不是还账,如果还账,那时的六万元,就是几百两黄金,加上几年的利息,那该是多么大的一个数目。这个东西,只能说明我们记着这件事情,也算表示我们的一点心意吧。"

"这个东西,我不能收下。"杨敏如的母亲说,"虽说抗战胜利了,我知道你们仍然有困难,你还拿着,有用着的时候。"

"伯母,您不收下,您就是嫌少,您就是对我们有意见。"

孙友余说。

"好,好,我收下。"杨敏如的母亲说,"这东西就放在这里,你们遇到过不去的时候,就再把它取走吧。"

孙友余把小金锭交到杨敏如的母亲手里。杨敏如的母亲说:"快去和沛霖谈你们的正事去吧,我给你们做饭。抗战胜利了,我们要好好地庆祝庆祝!"

"我还得抱抱罗昕。"孙友余说着,就把罗昕抱了起来,还不时地往高举一举,"抗战胜利了,快往高里长吧,长高了,长大了,也像你爸爸一样,当电机工程师。你爷爷也搞电讯,你们是电讯世家啊!"

杨敏如母女,知道孙友余每次来,都是有事找罗沛霖,便赶紧把孩子从孙友余的怀里接了过去。孙友余也就跟着罗沛霖进了他常去的那间小屋。他对罗沛霖说,他刚从徐冰、刘少文那里来,南方局指示,抗战胜利了,可以在科技界恢复公开的组织活动。

于是,他们又找张兴富、高昌瑞、李文采、张哲民商议,以青年科学技术人员协进会原有骨干会员为基础,成立中国建社。在都邮街太平洋药房楼上中国工业原料公司召开了有十余人参加的筹备会,商定青年科学技术人员协进会骨干之间,仍然保持隐蔽联系,中国建社作为公开团体,在科技界积极发展会员,对象不限于青年。

虽然抗战胜利,日本帝国主义投降,但是中国却面临着一场内战的危险。还是在抗战胜利之前,毛泽东在中国共产党第七次全国代表大会开幕词中就讲了，即便把日本帝国主义打败了，在中国人民面前也还是摆着两条路，光明的路和黑暗的路。有两种中国之命运，光明的中国之命运和黑暗的中国之命运。或者是一个独立、自由、民主、统一、富强的中国，就是说，光明的中国，中国人民得到解放的新中国；或者是另一个中国，半殖民地半封建的、分裂的、贫弱的中国，就是说一个老中国。由于世界民主舆论和中国人民反对蒋介石的内战政策，他在巨大的舆论压力之下，三次电邀毛泽东到重庆进行和平谈判，还请美国驻国民政府大使赫尔利到延安劝说。虽然事实上国民党的军队一天也没有停止过对解放区的武力进攻，但毛泽东却冒着一切可能发生的不测杀机，和周恩来、王若飞一起到达重庆，同国民党进行谈判。

因为孙友余去上海安排工作，一天，由张哲民来通知罗沛霖，经刘少文安排，毛泽东要接见他和李文采、张哲民。于是在黄昏的时候，他们分头来到红岩村。在延安的时候，罗沛霖曾经不止一次见过毛泽东，但那都是在街上或是听毛泽东做报告，个别接触谈话这还是第一次。因此，他的心情很激动，也不免有些紧张。刘少文分别向毛泽东介绍了他们。当介绍罗沛霖时，毛泽东说知道，曾听王诤汇报军委三局若干技术人员撤到大后方的情况中就有罗沛霖，并鼓励罗沛霖向知识分子介绍在延安的经历，解除他们对共产党的顾虑。罗沛霖听着，感到非常亲切，紧张的心情立时松快起来。接着，他和李文采、张哲民向毛泽东汇报了青年科学技术人员协进会的活动情况。毛泽东听了以后说，要团结好知识分子，科技人员要与工人密切联系合作。他还听说李文采曾搞过钨铁合金的工作，便问起钨的用途。谈到江西钨矿很丰富，在江西苏区时期，曾用以换取食盐。钨的用途很广，将来还可换取外汇，应积极开发利用。

谈话结束以后走出来，李文采说：

"毛主席的头脑非常敏锐，听到我搞过钨铁合金，立即问起钨的情况。"

"我在延安听过毛主席的报告。"罗沛霖说，"旁征博引，幽默风趣，深入浅出，明确有力，人们都爱听毛主席做报告。"

晚饭后，罗沛霖搭坐周恩来进城的车，从红岩村到曾家岩，他在半路上下了车。周恩来嘱咐他，要提高警惕。这使他记起，皖南事变时，徐冰让孙友余约他去曾家岩，听讲皖南事变情况介绍。离开的时候，也是周恩来提醒他注意，外面特务多有布置。那次，他也是坐的周恩来的车，是徐冰有事进城。他们出了胡同口才上车，鱼贯而出，司机走在前面，他走在中间，徐冰走在后面，保持二十步左右的距离。罗沛霖看到，司机走出门的时候，正有一个人进到胡同口来，又忽然转出，这人可能就是特务。当车开到半路没有人的地方，罗沛霖才下了车。他曾多次到曾家岩去，每次出来，都是用各种方法躲避特务的跟踪。

罗沛霖的这些活动，他是从来不对杨敏如讲的，杨敏如也从来不问。但毛泽东的这次接见，罗沛霖却按捺不住自己的兴奋，告诉了杨敏如。杨敏如也为罗沛霖在重庆被毛泽东接见，而感到欣喜不已。

此后，罗沛霖除了在中央无线电器材厂重庆分厂做工程师，社会活动也更加繁忙。中国建社的筹备工作，常常是在南开中学津南村他的家里进行。他还为中国建社起草了章程。

1946年2月，中国建社在重庆青年会召开成立大会，推选罗沛霖、李文采、张哲民为常务干事；确定了各地筹建分会的联系人；通过了中国建社的章程。中国建社的宗旨是："联合热心民主建国的科技人员以砥砺学术，提高科技知识，培养操守，创造成绩，互相帮助，合力发展科技事业，推进建国工作。"

中国建社成立之初，有社员六十余人，主要在重庆，沙坪坝等社员较多的地区。在昆明成立分会，有十余人参加。在成都、宜宾、贵阳等地也有分会。

随着国民党统治区的政治经济中心由重庆转移到南京、上海，徐冰回了延安，接替他领导青年科学技术人员协进会和中国建社的刘少文，以及中国工业原料公司也奉命转移到了上海。中国工业原料公司在天津设立了业务管理机构。中国建社计划在上海、天津等大中城市积极开展活动，广泛吸收成员。但是，国民党反动派很快就撕毁了国共两党在重庆签订的《双十协定》，发动了全面内战，形势发生了急剧变化。中国建社的许多成员又都处在迁移调动之中，因此，积极发展中国建社的计划，只能被迫改变。各自就地开展活动，分处各地的骨干之间仍保持一定联系。留在重庆的，坚持小范围活动，每两周在南开中学津南村罗沛霖家中聚餐，由张兴富传达最新政治信息。

到1947年年初，因为人员陆续离开重庆，才停止了活动。

中央无线电器材厂改为中央无线电器材公司，迁移上海。同时，成立南京厂和天津厂。南京厂以昆明分厂为基础，天津厂以重庆分厂为基础。重庆分厂部分人员由马师亮带领前去天津，以日本人的升恒机器厂为基础，改建为中央无线电器材公司天津厂。罗沛霖因为要主持即将交货的十台一千瓦电报发射台的技术与生产，暂留重庆，并代理工务课长，后又代理厂长职务。生产任务完成，罗沛霖准备离开重庆。他来重庆将近八年，从延安来时是孤身一人，现在离开是五人，杨敏如母女，儿子罗昕和女儿罗晏。来时罗沛霖26岁，离开的时候他已经34岁，八年的青春年华，留在了重庆。他带着全家，乘飞机先到南京，杨宪益和杨静如已在那里工作。又从南京坐火车到上海。住了两个月，便乘船回了天津。这已是初夏，天气很快就大热起来。一天，孙友余来到罗沛霖家中，向罗沛霖讲了中国的目前形势：中国时局将要发展到一个新的阶段。这个新的阶段，即是全国范围的反帝反封建斗争发展到新的人民大革命的阶段。现在是它的前夜。我们的任务是为争取这一高潮的到来及其胜利而斗争。

"我这次到天津来，主要是传达少文同志的指示，交给你一个新的任务。"孙友余在讲了目前形势后说，"全国解放指日可待，社会主义建设需要技术人才，组织上要你设法出国赴美提高。如能进工厂实习最好，若进入学校，得一个博士学位回来，也是共产党的光荣。"

"好吧。"罗沛霖说,"我来想想办法。"

于是,罗沛霖便到厂里找了厂长蒋葆增,讲了他想去美国留学深造的事,看他会有什么办法。蒋葆增表示支持。罗沛霖问:

"怎么办理呢?"

"你不是和钱学森很熟吗?"蒋葆增说,"他正在访问北平。"

"我还不知道。"罗沛霖说。

"你看报上,登了消息。"蒋葆增说。

于是,罗沛霖来到北平,去清华大学看望钱学森。恰遇叶企孙请钱学森和钱伟长游颐和园,罗沛霖便也一同去了。

钱学森知道,罗沛霖在交大的学业成绩,有时很高,有时却比较一般。他现在麻省理工学院任教授,了解这里入学要求分数很高,因此建议罗沛霖还是去加州理工学院。罗沛霖自然接受钱学森的建议,于是立刻让加州理工学院寄来了申请书。需要两个推荐人,罗沛霖想,钱学森是一个,蒋葆增曾在广西大学任过教授,他也是一个。钱学森和蒋葆增都给罗沛霖写了很好的评语。

罗沛霖把填好的申请书连同几个学术成果寄给了加州理工学院。他是申请读硕士学位,加州理工学院根据罗沛霖已有的科研成果,主动提出要罗沛霖直修博士学位。这是一个特例,说明加州理工学院极为看重罗沛霖的科研成果:他在参加中国第一个十千瓦中波水冷管广播发射机的研制,负责完成其十五千伏整流电源总体及变压器的设计制造工作时，提出的一套电源变压器、声频变压器和铁心扼流圈的统一设计理论与设计规范；在研究电子电路方面，创造了逆电流稳压电源，并完成了理论分析。加州理工学院在入学标准上，也是极为严格的，对于不少申请念博士学位的，只同意念硕士学位，一般情况是降低申请入学者的要求；而对于只有学士学位，没有读过硕士学位的罗沛霖，本人也没有申请读博士学位，加州理工学院却主动提高其申请所读学位的要求，显然是那里的评审专家们，从罗沛霖的科研成果和两位推荐人的评语中，觉察出了他潜在的创造性才华。

但是在1947年，国民政府未开放自费留学，因此罗沛霖也就未能成行。他也给在美国工作的茅于恭和张大奇写了信，请他们帮助联系工厂，以便前去实习。茅于恭和张大奇相继回信，答复说美国经济萧条，没有实习机会。

没有别的办法，罗沛霖出国留学或是进厂实习，都不能实现，只好搁置。没想到，第二年春天，加州理工学院又给罗沛霖来函，重新建议他去读博士学位。这又是一个特例，本人没有再提出申请，学校却主动提出建议，可见罗沛霖给加州理工学院的评审专家们，留下了多么难以忘怀的印象。恰在这一年，国民政府开放了自费留学。刚好美国权威杂志《无线电工程师学会会报》寄来了罗沛霖的论文《逆电流稳压器及其理论分析》的校样，他便拿了一份，连同申请书送给了教育部。教育部次长杭立武，因为杨宪益认识他，罗沛霖便请杨宪益打听消息。

不久得知,杭立武把罗沛霖的申请材料交给了刚从美国回来的"中央研究院"总干事萨本栋。萨本栋审议后签了意见:此人研究成果不可多得,现在学校教师中也是很少见的,建议批准出国留学。于是,教育部批准了罗沛霖出国留学。

罗沛霖出国留学,地下党组织拨款五百美元。签证解决,几百美元也能够到美国。平日罗沛霖穿衣服很不讲究,这次出国,杨敏如母女坚持给他做了身西服。

第五章
异　国

博士生

　　罗沛霖买了去美国的船票。想到很快就要动身,他似乎更加密切关注国内形势的发展。1948年,中国人民革命战争发生了急剧的变化,这比人们预料的要快些。一方面是人民解放军的胜利,一方面是国统区人民斗争的前进,其速度都是很快的。为了建立一个和平的、民主的、独立的新中国,中国人民应当迅速地准备一切必要的条件。罗沛霖到美国去学习,就是为建设新中国做准备。他检查自己,在以往的学习中,尤其是在中学和大学期间,主动积极自学是长处,但课内学习总是不能按部就班,以致学术方面不够系统,这无疑是很大的缺点。这次去美国加州理工学院，将面对许多名师，又是为革命而学，负有政治责任，他就不能不总结经验，汲取教训，发扬优点，克服缺点，端正学习态度，改进学习方法，一定要取得优异的成绩。

9月的天津，秋高气爽。罗沛霖先从塘沽乘船到上海，然后再登上戈登将军号轮船去美国。因为他觉得这是在执行党组织交给的一项任务，也就没有任何惆怅的情绪，而是义无反顾，精神振奋。当轮船离开上海码头，开到茫茫的大海上，罗沛霖感到竟是这样心旷神怡。回首眺望祖国的山河，他仿佛听到了人民解放军进军的号角声，看到了解放城镇乡村的炮火硝烟。

越来越离祖国远了、远了，而罗沛霖却越来越感觉到，他的心是离祖国更加近了、近了。祖国，祖国，这个神圣的名字，占据了他的整个心胸，鼓荡着他全身的血液。但是，他已经35岁，离开校门整整十三年了，未来的学习任务，他会遇到多么大的困难。而且，大学课程已经变化，他又是越过硕士学位，直修博士学位，这就意味着，他必须补习一些课程，同时还要学习更加高深的课程。罗沛霖想，他应该像这航行在大海上的轮船一样，不管有怎样的风浪冲击，有多少礁石阻隔，都要昂首前进啊！

戈登将军号原是美国在第二次世界大战中的运兵船。甲板上有几间卧舱室，有个别中国学生乘坐。罗沛霖坐的是统舱，几个大舱室，每室几十人。舱室里还堆着一些货物，光线比较昏暗，空气也不够好。因此，罗沛霖除了晚上到船舱里去睡觉，白天大部分时间他都是在甲板上度过。

1948年出国前一家人合影

　　海上的一切，罗沛霖都感到很新鲜，因此也就不觉得有什么旅途的疲劳。他最喜欢观看海上日出，每天早晨，天一放亮他就起来，走出船舱，来到甲板上。这时，东方水天相连之处，便染上了一片淡淡的粉红色，一会儿又变成橘红色，一会儿却渐渐地暗下去。突然，从那里冒出半边鲜红鲜红的太阳，转眼间便跳出了水面，仿佛还流溢着红的汁液。于是，一轮又红又大的太阳便升起在海面上了。再往上升，太阳射出万道光芒，照耀着金色的汪洋大海。这种日出的景象，令罗沛霖感到极为振奋。他想到在延安的时候，学习毛泽东在井冈山写的一篇文章《星星之火，可以燎原》，预言中国革命高潮的到来所讲的一段话:"它是站在海岸遥望海中已经看得见桅杆尖头了的一只航船,它是立于高山之巅远看东方已见光芒四射喷薄欲出的一轮朝日,它是躁动于母腹中的快要成熟了的一个婴儿。"在罗沛霖看来,眼前刚刚升起的这轮朝日,正是即将诞生的新的中国。如果不是甲板上还有别人,罗沛霖真想举起双手,放声欢呼。

在海上整整航行了二十天,一天凌晨戈登号到达美国的旧金山。天已蒙蒙放亮,人们都来到甲板上观望。朝曦并不很强,一切形象都还是清晰的。船从远处驶近金门桥,这个号称世界第一长悬索桥,单跨一千二百八十米,桥塔高二百二十七米,桥上汽车来往,远望好像是许多蚂蚁。船在桥下驶过,桅杆顶离桥面还有很远。过桥后就看见旧金山市了,路灯还是亮的,因市区是傍坡修建,看上去一排排路灯从上到下如珠链挂悬,气象宏美。

加州理工学院就在洛杉矶市郊的帕萨迪那,这个小城约有十万人,大街是商业区,大部分是花园式住宅。大街上除一家百货公司是六层楼外,其他建筑都是三层以下。街道清洁,色彩丰富,淡雅而不浓艳,令人赏心悦目。加州理工学院是西班牙旧式风格,全部淡黄色。这里给罗沛霖的第一印象很好,他就要在这里住上一两年、两三年,心中很是兴奋。电工专业负责教师索伦森,是高压电工权威,美国电气工程师学会会长,著名教授、博士,对罗沛霖非常关心,他为罗沛霖申请到圣马力诺市扶轮社奖学金,从第二学季起每个月给一百美元,共给了六个月。这样,罗沛霖第一学年的费用,差不多也就够了。

开始学习，罗沛霖因英语荒疏已久，听外国人讲课，感到有些吃力。但他不断告诫自己，一定要把课业学好，上课认真听讲，课后全力读书，尽量多吸收课外知识。每周他都要学习、研究、工作七十个小时以上。经常是到深夜，甚至天蒙蒙亮才睡。一年以后，罗沛霖得了十二指肠溃疡，病痛折磨着他，他也毫不气馁。

第一学季罗沛霖选了四门课，考试成绩得全B。加州理工学院给分极严，得B相当于若干名校得A。索伦森对罗沛霖获得的成绩，表示非常高兴。他讲授电机课，让罗沛霖给学生改习题，每小时一美元，这又为罗沛霖增加了一些收入。教授皮克令对罗沛霖也很赞赏，他后来是美国科学院及工程院双重院士，长期担任美国空间计划喷射推进研究所所长，钱学森、钱伟长

与加州理工学院同学在沙滩合影

在加州理工学院演讲厅前

都在这个研究所做过研究工作。皮克令讲授电子电路课,分析电路的数学方法。安德森和拉谟也都说罗沛霖学得很好。安德森因发现阳电子获诺贝尔物理学奖,他讲授物理的数学理论,这是读物理学博士的必选基础课。拉谟是休斯研究所所长,后来以一身兼教授、企业家、工程师、科学家而得盛名,他讲授先进无线电工程课。

第一学季就得了全B,罗沛霖受到了很大鼓舞,对于学习也就更加充满了信心。从第二学季起,他的学习成绩就都是AB相间了。

第二学年,罗沛霖主要选了两门课,均属重头的物理及数学课。因为在十几年前的大学中未学高等微积分,罗沛霖就利用暑假自学，以便与高等数学课相衔接。复变函数课第一学季还是未能适应，但第二学季就得A了。第三学季还是得A。讲授这门课的是匈牙利后裔厄尔德依教授，著名的数学家，积分变换权威，他考试三个小时，开卷，随便带书，出十道题，难度相当大，能做三道即得A。如果有悟性，来了灵感，就能解出来，但要是被蒙住，就一道也答不上来了。罗沛霖做出三道，厄尔德依阅卷后找他，指出很多小的差错，因此得了C。罗沛霖对厄尔德依教授非常敬佩，数学家讲究严谨，是一点差错都不能出的。第二学季考试时，罗沛霖又选三道题，第一道题做好了，第二道题也做出来了，第三道题没做完，乱了，便又找了一道题，结果做出来了。实际的成绩是超过了A，厄尔德依认为他做了将近四题，十分欣赏他的解题能力。

罗沛霖（后排右）、张维（后排左）与钱学森合影

电磁学也是有名的难课，讲授这门课的是司麦斯教授，电子学家，电磁学权威学者。他的课本通用美国，被称为"天书"。这门课罗沛霖也学得很好，第一、二学季都是得A，只是在第三学季因为罗沛霖急于回国，思想有些浮动，结果得了C，给司麦斯教授留下了一点遗憾，也在罗沛霖自己内心深处留下了一点内疚。司麦斯教授第一次上课，首先对学生们说："你们不要以为向我只学电磁学，我这就是习题课。你们现在上好习题课，把习题做好，将来工作中碰到实际问题就不为难了。"于是，他就留下许多习题。下次再上课，司麦斯首先问学生们："我上次留的习题，谁能上来做？"每次都是这样，罗沛霖也走上去过几次。

罗沛霖常常是在星期五晚间做一夜习题，星期六、星期日有时也不休息，仍然做习题。过去在中学、大学期间，他是从来也没有这样做过。

索伦森对罗沛霖的出色表现，十分欣赏。为了让罗沛霖在学习期间就能和实践结合，也为了增加罗沛霖的收入，解决他在学习期间的费用，索伦森推荐罗沛霖承担了一些研究任务，也可以说是在罗沛霖学习期间，为他找了一份工作。

这是美国的欧基夫莫利特煤气灶公司，委托加州理工学院承担完成的一项研究任务，是做小型交流发电机，用永磁性材料激励磁极。这虽是一家煤气灶公司，却生产交流发电机，自己也有工程技术人员，正在摸索着试做，要求加州理工学院电机系给予理论指导。索伦森不仅把这项任务交给了罗沛霖，还把四年级的一名学生萨凡特,专门配给罗沛霖做助手。萨凡特是一名高才生,每门功课的成绩都是A。萨凡特很谦虚,当索伦森把他介绍给罗沛霖时,他说:

"很高兴索伦森教授给我这样一个学习的机会,我十分愿意做你分配给我的任何一项工作,我们一定会合作得愉快。"

"谢谢你的信任。"罗沛霖紧紧地握着萨凡特的手说,"非常欢迎你参加这一工作,让我们互相学习,共同努力,把索伦森教授交给我们的任务,出色地完成吧!"

听了罗沛霖和萨凡特这两名得意门生的谈话,索伦森一手拍着罗沛霖的肩膀,另一手拍着萨凡特的肩膀,十分高兴地说:

"祝你们成功!等着你们的好消息。"

美国这家煤气灶公司所交给的任务,对于罗沛霖来说,并不像他过去在上海中国无线电业公司、延安通信材料厂和中央无线电器材厂重庆分厂时那样,是从事电台的设计和制造,然后在实践中有所发现,有所发明,总结出来,写成论文;现在是,这家煤气灶公司制作小型交流发电机,没有现成理论,首先要独立给予理论上的说明。因此罗沛霖必须认真想一想,究竟怎样进行这项工作,才能完成任务,不让煤气灶公司失望,不让萨凡特失望,更不让索伦森教授失望。

罗沛霖是学过电机学的,首先他把自己的电机理论回顾了一遍。然后,他便对着设计图纸仔细地研究起来。接着,他对制作发电机所使用的材料,对其性能逐一地调查研究。在这些日子里,因为还有繁重的课业,罗沛霖不得不在深夜里,去苦苦思索。在星期六、星期日休息的时候，他也还在继续探求。

在第一学年结束，暑假期间，罗沛霖放弃了各种游览参观，自然也放弃了休息，他全力以赴，决心利用这一个假期，完成研究任务，向索伦森教授交差。

终于，罗沛霖发现永磁材料特殊，这就需要特殊处理。一般电机在增加负载时输出电压下降。但经过罗沛霖的理论计算，这种电机有的不下降，有的又上升。罗沛霖是从理论分析，经过计算发现的这种现象。

萨凡特对于罗沛霖的工作精神，非常佩服。当罗沛霖把一项数据交给他的时候，他惊喜异常。他拿着这些数据，去找煤气灶公司的弗兰特，问：

"你看，是这样吗？"

弗兰特仔细看了罗沛霖计算的数据，点点头说：

"是这样，是这样。你们怎么知道的？"

煤气灶公司也已经从实验中发现永磁激励发电机的特异现象，但用通常理论计算不出来，也不能解释，才找加州理工学院电机系进行理论上的研究。可是他们却有意不告诉已经发现的现象，而是要看看理论上能得出什么结果。

罗沛霖终于给予了理论上的解释，煤气灶公司这才决定，要定量地设计这种电机，从此做起小型交流发电机来。

索伦森似乎比任何人都高兴，作为一名电气工程师，他当然清楚，罗沛霖这个研究成果的重要意义。罗沛霖独立发现并阐明了永磁激励凸极交流发电机加载后电压上升的异常现象，并给出了计算方法，得到实验数据的验证；罗沛霖还发现了发电机枢斜扭阻抗的存在，也给出了计算方法。还有，罗沛霖的成功，说明索伦森的眼力不差，他早已看出了这个青年学子的创造性才华和巨大的潜力。他把对罗沛霖的良好印象，向学院做了报告，学院给了罗沛霖电机系研究生最高的奖学金，一个学年一千美元。这样，再免去学费，加上项目科研费每小时一美元，罗沛霖第二学年所需费用，基本上也够了。

在罗沛霖出色地完成了煤气灶公司委托加州理工学院电机系承担的恒磁交流发电机理论研究后，索伦森又推荐他担任了一家车辆公司恒磁激励发电机设计的技术顾问。这一工作，使罗沛霖在创造性地解决了恒磁激励发电机受载升压特异现象的机理后，又在理论上作了进一步的验证，并导出了励磁系统优化的方法。这一研究成果，以后成为他博士论文的基本内容。

新中国成立了

1949年9月，原在麻省理工学院工作的钱学森，带着夫人蒋英和孩子，从马萨诸塞州的坎布里奇，来到加利福尼亚州的帕萨迪那，担任加州理工学院的戈达德讲座教授，兼任古根海姆喷气推进研究中心主任。对于钱学森的到来，罗沛霖自然非常高兴，在异国他乡，有位知心好友来到身边，会带来很多鼓舞和慰藉。他们是1935年在上海分手，钱学森来美国留学，罗沛霖在国内找了工作。罗沛霖在延安的时候，曾收到钱学森的来信，相约一旦有机会，一起到赤都莫斯科去，这是他们一直向往的地方。1947年，钱学森在北平给罗沛霖留学加州的建议。

在互诉别情之后，罗沛霖问钱学森：

"为什么又回到加州理工学院来了？"

"我喜欢这里的学风。"钱学森说。

钱学森还告诉罗沛霖，他已经申请辞去美国空军科学咨询团委员和海军炮火研究所顾问的职务。罗沛霖问：

"为什么？"

"脱离与美国政府的联系。"钱学森说，"好早日回国。"

这使罗沛霖想起两年前他们在北平见面时，正好看到报载胡适建议钱学森来做北大校长，但是钱学森却没有接受。罗沛霖便问钱学森为什么不接受，接受了不是可能做一些有益的工作吗？钱学森说，不必为他们装点门面。罗沛霖心里明白，钱学森所说的他们是指的国民党。

"前年，你不是说不回去吗？"罗沛霖说，其实，他明白钱学森的心意，他是明知故问。

"前年是什么时候，今年又是什么时候？"钱学森说，"从去年起，我就开始做回国的准备了，这要首先退出在美国空军科学咨询团和海军炮火研究所兼任的职务。这不，直到就任加州理工学院的职务，才解决了那些事情。"

罗沛霖自然也是想着急于学成，早日回国。在他离开天津后不久，辽沈战役便打响了，接着是淮海战役和平津战役，只用了四个多月的时间，三大战役便胜利结束。没隔多长时间，就彻底摧毁了国民党军队的长江防线,解放了南京和上海,风扫残云一样,南方的城市一个又一个被解放……罗沛霖从海外报纸的分析,感觉到新中国将于近日在北平宣告成立,定都后的北平,复名北京。他还从杨敏如的来信中,感受到了人民对新生活的欢欣。他们家,在天津刚解放的那些日子,还住了一个排的解放军哩。

钱学森也接到了周培源的来信,述说人民解放军解放北平西郊时多么守纪律,由衷赞叹:"真是文明之师啊!"他还接到芝加哥大学金属研究所副教授研究员、留美中国科学工作者协会美国中区负责人葛庭燧写来的信,并附寄来了共产党员、教授曹日昌写给钱学森的信。曹日昌在信中,转达了中共中央领导人对钱学森的殷切期望:请他尽快返回祖国,为新中国服务,领导新中国的航空工业建设。

"好啊,是时候了,回去吧。"罗沛霖兴奋地说,"我们都回去,回去为我们梦寐以求的新中国服务。"

一听罗沛霖说到新中国,钱学森的情绪激动起来。他说:"我从1935年8月来美国,到现在已经整整十四年了。前三四年是学习,后十年是工作。学习也好,工作也好,所有这一切都是在做准备,为了回到祖国后能为人民做点事。我在美国这么长时间,从来没想过这一辈子要在这里待下去。在美国,一个人参加工作,要把他的一部分收入存入保险公司,以备晚年退休之后用。好几次有人问我:存了保险金没有?我说,一美元也不存。他们都感到很奇怪。其实这没有什么可奇怪的,因为我是中国人,我根本不打算在美国住一辈子。"

两位好友,谈得是这样知心,这样动情。

一天,罗沛霖从短波无线电收音机里,听到一个好消息,世界各大通讯社都报道了新中国的诞生。毛泽东在天安门城楼上,发出了震撼世界的声音:中国人民站起来了!这在罗沛霖听来,比世界上任何最动人的音乐都要壮美,都要激动人心。他要赶紧去找钱学森,告诉他这个好消息。

于是,他们共同祝贺祖国的新生。罗沛霖说:

"毛主席在新政治协商会议筹备会上讲过一段话,实在鼓舞人心:中国人民将会看见,中国的命运已经操在人民自己的手里,中国就将如太阳升起在东方那样,以自己的辉煌的光芒普照大地,迅速地荡涤反动政府留下来的污泥浊水,治好战争的创伤,建设起一个崭新的强盛的名副其实的人民共和国。"

"回国的准备工作,要加快进行了。"钱学森说。

"好。"罗沛霖说,"我要着手准备结束学业。"

"对。"钱学森说,"我们分头积极准备吧。"

"新中国成立了,我们也该聚会庆祝一番。"罗沛霖说。

"应该。"钱学森说,"你这个意见好。"

"那我就去召集一下。"罗沛霖说。

罗沛霖去找了冯元桢,又找了郑哲敏,他们都经常在一起。三个人商量了一下,就由他们发起,以加州理工学院中国同学会名义,组织中秋晚宴。于是,他们便分头去通知在校的中国同学。

罗沛霖（右）与郑哲敏合影

1949年10月6日，中秋之夜。圆月像一轮明镜高悬在帕萨迪那上空，在加州理工学院附近叫作竞技公园的花园中，摆起了一条很长的长方桌，这就是晚宴的场所。罗沛霖说：

"今天是中秋节，大家聚在一起，也算是团圆，同时庆祝共和国的新生。"

大家都热烈地鼓起掌来，会餐也就开始了。

"抬头望明月，低头思故乡哪！"钱学森仰望着天上的明月，兴奋地说起来，"故乡解放啦，祖国新生啦！中华人民共和国已经在五天前宣告成立。毛泽东主席在天安门城楼上向全世界庄严宣告：中国人民站起来了！真鼓舞人心哪！我们这些海外游子可以扬眉吐气了！"

大家都停止了吃喝，屏息地听着。钱学森望了望同学们，压低了嗓音，继续说：

"我最近又收到一些老朋友的来信，新中国急需各方面的人才，希望我们尽快回去。"

一股游子思归的强烈感情，在人们的心头滚动。每一个人，都竞相传递着来自祖国的最新消息。

大家互相祝酒，亲切交谈，情绪热烈、高涨。天公也作美，晴得很好，没有云，也没有风，只有群星和慢慢升起的月亮，洒下清亮的光辉。人们实在快活，从傍晚到月亮升高，有喝不完的酒，有说不完的话，怀着无限的敬意，祝贺祖国的新生，祝贺独立自由的祖国，从今走向繁荣富强。

祖国在召唤

罗沛霖来到加州理工学院的时候，正值解放战争在激烈进行，中国留学生都非常关心国内的消息，大家便凑了一点钱，由罗沛霖负责，订阅了一份纽约《华侨日报》和一份香港《大公报》。报纸都存放在罗沛霖住的房间里，人们也就都到他那里去看。罗沛霖的宿舍，似乎成了一个小小的阅览室。他又设法从旧金山和芝加哥找来了一些书刊，供大家阅读。有一种油印材料，像是刊物的样子，并不定期，是从已回国的留学生的来信中摘录有关国内解放战争的消息。还有一本《整风文献》，收录了毛泽东的一些文章，《改造我们的学习》《整顿党的作风》

《反对党八股》等。

杨锦山曾来美国进修，1948年已回国。他在留美同学中组织中国建社美国分社，为侯祥麟在芝加哥成立中国留美科学工作者协会，做了一定的准备。1948年年底协会的金荫昌来到帕萨迪那，促进了加州理工学院成立相应的组织。接着开了一个会，虽然并没有正式进行选举，但大家都公认由罗沛霖负责。洛杉矶会员分在三个大学活动，也组织过几次科学知识报告会、国内形势座谈会等联合活动。钱学森因为正准备回国，只参加活动不列名，以免引起不必要的麻烦。

就在1949年年底，有一天忽然来了个陌生的人，到电机系办公室，他出示了联邦调查局证件，说找罗沛霖调查钱伟长。

罗沛霖和钱伟长只见过一面，就是1947年他去北平找钱学森那次。听钱伟长讲，抗战开始后，他曾受叶企孙委托，负责清华大学南迁昆明事宜。在此期间，因协助冀中八路军制造炸药，见过冀中军区司令员吕正操。后来到了昆明才出国的。他还对叶企孙说："叶先生，这里解放了，你别走。"钱伟长的意思是，叶企孙帮助过八路军，共产党不会忘情的。只见叶企孙笑了起来。这就是罗沛霖所知道的，钱伟长和共产党、八路军的关系。当然，他不会把这事告诉美国联邦调查局。

"你知道钱伟长吗？"联邦调查局的人问。

"知道。"罗沛霖回答。

"有一个问题想问你。"联邦调查局的人说，"听说他是中国红军的少校，你知道吗？"

"不了解。"罗沛霖说,"不知道。"

"怎么,不知道?"联邦调查局的人态度变得生硬起来,"中国一般的人都知道,你怎么会不知道?"

"我刚才说过了,不了解,不知道。"罗沛霖的态度也强硬起来,"既然中国一般的人都知道,那你们就应该向他们去调查。"

听罗沛霖这样讲,联邦调查局的人便转了话题:

"你们中国人出来念书,会把老婆孩子丢在中国吗?"

"我就是这样。"罗沛霖说。

联邦调查局的人没再问什么,走了。

罗沛霖心想,钱伟长早已回国,联邦调查局为什么还要对他进行调查?这实际上是对钱学森在做间接调查,因为钱伟长和钱学森在美国曾经一起做过研究工作。而在加州理工学院,是有许多人知道罗沛霖和钱学森关系密切,联邦调查局企图从罗沛霖这里搜集有关钱学森的材料。另外,也有可能已经注意上罗沛霖了,他是到过延安的人,美国政府可能会有人知道。无论是哪种情况,被联邦调查局盯上,都是一种不祥之兆。于是,罗沛霖马上去找了钱学森,告诉他联邦调查局来人调查钱伟长的情况。两个人互相叮嘱,都要有些思想准备,并且加快回国的准备工作。

显然,这是麦卡锡在加州理工学院制造的事端。麦卡锡是美国工会一名参议员,从1948年起,他操纵美国参议院常设调查小组委员会,叫喊要警惕和防范"共产党的威胁"。他借口所谓的"共产党人渗透",到处搜集材料,进行非法审讯,采取法西斯手段迫害民主和进步人士,掀起一场席卷美国的诽谤运动,使整个美国都在麦卡锡的幽灵下惊恐起来。麦卡锡声称,他掌握了在国家部门工作的二百零五名共产党人的名单。钱学森任职加州理工学院喷气推进实验室的负责人以及他的火箭小组,受到了联邦调查局的追查。

"现在查明,你们小组的化学研究员西德尼·威因鲍姆是共产党员。"联邦调查局的官员对钱学森说,"你要揭发他的问题。"

"不!"钱学森当即严词拒绝,"我根本不知道也不想知道他是不是共产党员。我更不清楚他的所谓问题,我不会也不可能揭发。"

钱学森的强硬态度不仅令联邦调查局的官员失望,也令其感到恼火。为了加害钱学森,于是指控他十多年前参加过美共地方支部的聚会。从此,钱学森在美国参加机密研究的证书被吊销了,同时被剥夺了继续进行喷气推进技术研究的资格。一天,罗沛霖去看望钱学森。钱学森住的是花园平房,罗沛霖刚进到屋里,还没等坐下,钱学森便急忙拉他到平台上,因为怕屋里装有窃听器。钱学森对罗沛霖说:

"我正有要事找你商量,看你有什么办法没有。"

看钱学森心事重重的样子,罗沛霖便急切地问:

"出了什么事吗?"

"美国联邦调查局正在调查我。"钱学森说,"被调查的还有奥本海默兄弟和威因鲍姆。小奥本海默已受到迫害,威因鲍姆也大难临头,对我的调查刚刚开始。"

"你有什么问题,还怕他们调查!"罗沛霖说。

"欲加之罪,何患无辞。"钱学森说。

"那看来你还是早日回国才最好。"罗沛霖说,"不在美国这块地方,他们也就鞭长莫及了。"

"我也是这么想。"钱学森说,"但是,这要美国政府肯放才行。"

"不要理他们。"罗沛霖说,"你开车先到加拿大去,然后再想法从那里回国。"

听了罗沛霖的建议,钱学森略想了一想,说:

"这样做,只有我一个人先走,那蒋英和孩子怎么办?"

"你先回去。"罗沛霖说,"以后蒋英和孩子再回去。"

钱学森觉得这样做很难办,也还会留下一些后遗症。他说,以他在美国学术界的地位,要回国他就要光明正大地回,大摇大摆地走,不能悄悄地回,偷偷摸摸地走。经钱学森这样一说,罗沛霖也觉得有道理。

"回头我去趟华盛顿。"钱学森说,"去那里疏通一下。"

"也好。"罗沛霖说,"抓紧进行,夜长梦多。"

于是,钱学森便去了华盛顿,经过一番周折,美国政府负责官员终于同意放钱学森回国。

罗沛霖听了这个消息,也为钱学森能离开美国这块是非之地而高兴。

1950年在美国

1950年6月25日,美国发动了侵略朝鲜的战争。罗沛霖考虑,美国可能对中国在美国的学人,进一步采取种种迫害行动。因此,他必须尽快离开美国,否则,难说又会发生什么祸事。他去找索伦森,把自己要回国的事告诉他。索伦森听了,感到惊讶,他不理解罗沛霖为什么不待念完博士学位,而要回国去。他觉得,这实在可惜。他还以为,罗沛霖又是生活上遇到了什么困难。于是,他对罗沛霖说:

"你应该接着读下去,生活没问题,钱也有。为什么要走呢?"

"因为炮打到家门口了。"罗沛霖说,"我得走,一定得走。"

看到罗沛霖的态度是这样坚决,索伦森一时沉默起来。过了一会儿,他说:

"得博士学位,一般要读二十七个月,你只读二十二个月。

不过这也没问题，我查过你在大学所学课程，可以把在大学所修输电学课作为研究生课，这样来补足博士学位的学分要求。你原为解决生活问题所做电机理论与设计方法研究成果，可以作为论文。从外委科研中产生论文题目，正是我们所希望的。"

罗沛霖非常感谢索伦森的关照，索伦森自然也就成为他的导师。但是，罗沛霖的论文还没有做，索伦森便让他先把实验报告交上来。然后，索伦森又把罗沛霖的实验报告交给司麦斯看，征求意见。司麦斯看了两天，把罗沛霖叫去，给了一个简单明了的高评语：坚实。

"好。"索伦森说，"趁着教师们还都没有休假，赶紧安排答辩。"

于是，索伦森找了授课教师安德森、皮克令、司麦斯、厄尔德依，还有麦克坎，他是电机学、输电学及伺服学专家。由索伦森负责，组成了一个博士口试委员会。答辩时，教师可以出任何一个问题，一般是要问到答不出来为止。罗沛霖总的来说答得不错，只有麦克坎问了些没学过的知识，罗沛霖老实地说不懂。索伦森所问虽然超于所学，但凡罗沛霖过去听说过的，也能答上来。

很快，通知罗沛霖去电机系办公室，索伦森正在那里等候，他欣慰地对罗沛霖说：

"祝贺你，你的博士口试通过了。"

"谢谢，谢谢！"罗沛霖也非常高兴地说。

"论文，你写好后交给我。"索伦森说。

"是，是。"罗沛霖点点头说。

他告别索伦森后，便直接去到钱学森那里。钱学森也为罗沛霖通过博士口试而高兴，并约他一起去洛杉矶的总统轮船公司办事处买赴香港的船票。轮船公司办事处的人说，罗沛霖是学生，可以买票；按美国政府规定，钱学森不是学生，不能卖给他。于是罗沛霖决定乘船到香港，钱学森决定买加拿大太平洋运输公司的飞机票，先去加拿大，再从那里回国。

自从美国发动侵略朝鲜的战争以后，美国客船已经不到中国大陆来，罗沛霖就买了从夏威夷到香港的船票。回到学校，忙了整整两天两夜，终于把行李整理好。郑哲敏开车送他去洛杉矶火车站托运。然后罗沛霖自己便坐火车去了旧金山。清早到的那里，晚间又上飞机赶往夏威夷，换乘开往香港的轮船。

船开到马尼拉，有位同学上岸探望亲戚，回到船上以后告诉罗沛霖，他在报上看到一则消息，钱学森在美国被拘捕了。罗沛霖听后吃了一惊，但也并不意外，因为美国联邦调查局早已盯上钱学森，他们是不肯轻易放他回国的。当钱学森把行李交轮船公司威尔逊总统号，准备乘飞机去加拿大时，在洛杉矶机场被扣起来的。其理由是：根据美国的法律，钱学森不能离开美国。凡是在美国受过像火箭、原子弹以及武器设计这一类教育的中国人，将不得离开美国。因为他们的才能可能被利用来反对在朝鲜的联合国武装部队。这就是美国的法律。朝鲜战争完全是美国借着联合国的名义一手挑起来的，其目的不但是为了吞并朝鲜，而且是为了侵略、颠覆新生的中国。美国已经派出第七舰队的上百艘舰艇侵占中国的台湾海峡，对新中国进行封锁、挑衅和侵略。

罗沛霖和一同回国的同学们，一方面对美国当局的行径表示激愤，担心尚未离开美国的中国学人；一方面也庆幸自己终于离开了那里，否则难说会有什么祸事落到自己头上。罗沛霖这时还不知道，在他离开美国之后，美国联邦调查局去了加州理工学院，查问罗沛霖去了哪里？如果罗沛霖还没有离开，情况如何就不好说了。钱学森被关押了半个月，由一些美国朋友保释，但是却被羁留在美，不准回国。

在太平洋上航行，罗沛霖整理完成了他的博士论文。他很惦念钱学森，不免感到忧虑。但离祖国越来越近，他的心情也渐渐好起来。他不时地站在甲板上，眺望祖国透亮的天空，他似乎从来也没有看见过天空竟然会是这样明亮，好像只有在延安，站在清凉山顶上远眺西北高原，才有这样的感觉。北平、天津，在他的印象中似乎都是灰色的，空中总是有些尘沙；上海总是笼罩着一种烟气，没有清丽的时候；重庆多是大雾弥天，不见太阳。在海上航行，因为罗沛霖已经适应，也就不怕风暴，甚至有时他还希望刮来一股旋卷的暴风。每每遇到，旋风似乎要把航船腾空抛起，扔向天际，又似乎要把航船掷向深渊，沉入海底，但航船却总是出没在蓝色的波涛中，驶出白色浪花的尖顶。当然，他还是愿意在风平浪静的时候，稳稳地坐在甲板上，听着海水的絮语，畅想着中国电信工业的发展，贡献自己的力量。成群的海鸥在船头飞翔，忽而消失在云天之中，忽而又出现在船头的上空，罗沛霖看不出这一群是不是那一群，它们这样不知疲倦地飞来飞去，夜晚究竟栖息在大海的哪个礁岛上？这些海鸥，多么可爱，他想起初到延安的那个早晨，喜鹊的飞掠……

这是一次充满激情的航行，也是一次畅快的航行。离开美国时的一切不愉快，一切紧张劳顿，早已留在了那里，或是抛入大海之中。他要以一种振奋的心情，带给祖国。

船到香港以后，香港当局不准登陆，罗沛霖和同学们只好在船上等着。船停在九龙码头，在船上可以发电报，于是告诉广东省政府，三十几名学生从美国回来了。第二天，香港当局派警察把罗沛霖他们押解出境。

过了罗湖桥，广东省政府已经派人来接，然后到了广州。罗沛霖急忙把博士论文寄给了在美国的郑哲敏。郑哲敏又委人打印，由钱学森填补了公式，然后交给了索伦森。经过加州理工学院审批，于1952年正式授予罗沛霖特荣誉衔哲学博士学位。

第六章
新 天

一切都变了

1950年9月,广州的天气虽然比较炎热,给罗沛霖的感觉,还是舒畅宜人的。但他也并不想在这里逗留,因为急于要和组织上取得联系,好早日把工作定下来,便抓紧时间买了直接去北京的火车票。他没先回到天津家中去,虽然他离开家已经整整两年了。

北京要比广州凉爽得多,秋天是北京最好的季节,不冷不热,天高云淡,美丽多彩。这里,罗沛霖并不生疏,幼年时他在这里生活过多年,离开以后,也曾来过多次。但这次来北京,他却是感到异常新鲜和激动,他的这种心情,就像当年去延安的时候一样,只不过那是在春天,是播种的时候,现在是秋天,是收获的季节。是啊,春天播下了革命的种子,经过风雨的锤炼,终于结出了丰硕的果实……北京变了,一切都变了,在罗沛霖的记忆中,北京的天空,总是一片灰蒙蒙的;走在街上,看到人们的脸色,也总是那种阴沉忧郁的样子;那一座座灰色的四合院墙,总是暗淡无光,给人一种压抑的感觉,似乎让人透不过气来。现在的北京,却是一片灿烂辉煌,蔚蓝的天空,洁白的流云,给人一种洁净透亮的感觉;街上的行人,说着笑着,有的还哼唱着歌曲;就连那灰色的墙壁,也显得清新,闪着光彩了。

罗沛霖在教育部招待所住下后,就去科学院找丁瓒。丁瓒在重庆参加了中国建社,常去南开中学津南村罗沛霖家中,他现在是中国科学院秘书长。老朋友见面,自然都非常高兴。丁瓒说:

"你刚到北京,先休息,再说工作。"

"不,不必休息。"罗沛霖说,"请你帮我和徐冰同志联系一下,就说我从美国回来了,想见他。"

徐冰任北京市副市长,丁瓒马上打电话和北京市政府联系,得知徐冰不在北京,正在大连养病。丁瓒心想,罗沛霖这样的人才,应该留在科学院。但这话他没有直接讲出来,他找来了物理研究所所长钱三强,钱三强热情地邀请罗沛霖到科学院工作。科学院,这是科学家的殿堂,理想的工作单位。但是罗沛霖想:工作问题,应从党和革命的利益出发来考虑,不能强调个人兴趣。他已经做工程师工作十多年，也做出了一些科研成果，并在美国进修了高深课程，最好是在产业部门与学术界之间做沟通工作，可能对于国家事业有所贡献。从他多年工作的实践中，也确实感到这是个薄弱的环节。于是，他婉言推辞，便对钱三强说：

"谢谢你们的好意。但我出国学习，是奉党组织之命，学成归来，要在汇报之后，再安排工作。"

丁瓒和钱三强对罗沛霖的这种态度，都表示理解和赞赏，便问他还有什么需要帮忙之处，尽管提出，一定全力协助解决。

既然不能马上和徐冰联系，罗沛霖便请丁瓒帮助和王诤联系。王诤现在担任总参通信部主任，同时还担任国家邮电部党组书记、常务副部长，当他听说罗沛霖已经回到北京，立即约见。

"啊哈，容思同志，我们整整十一年没有见面了。"王诤紧紧地握着罗沛霖的手说，他还清楚记得，罗沛霖离开延安到重庆去的时候，他让罗沛霖改了名字。

"王部长，我还是把名字改回来吧！"罗沛霖说。

"好，改回来好。"王诤笑着说，"那次你改名字，是为在重庆工作减少麻烦。现在是人民的天下，没有麻烦了，应该还叫罗沛霖。"

"王部长，虽说分别时间这样长久，我还是经常想念你和同志们。"罗沛霖深情地说。

"我和同志们也都很想念你哟！"王诤也很动情很关切地说，"你的身体怎么样？"

"很好啊！"罗沛霖说。

"不是十二指肠溃疡吗？"王诤说。

"没什么事。"罗沛霖说，"王部长，你怎么知道？"

"你的情况，我都了解。"王诤说，"你离开延安的时候，我们不是约定，要联系嘛！"

罗沛霖没有想到，他离开延安十一年来，王诤还这样关心着自己，禁不住内心一阵激动，眼里充满泪水，一时语塞，再也说不出话来。

王诤也沉默片刻，然后说：

"知道你要回来了。你离开天津没几个月，那里就解放了，我们的接管人员去接管你工作过的中央无线电器材公司天津厂，也就是现在的天津电工二厂。钱文极也是接管人员之一，他们去后找你，才知道你不久前去了美国。"

罗沛霖静静地听着，没有插话。

"我们现在正要成立电信工业局，把全国的电信工业管起来。"王诤继续说，"我想就由你来负责这个电信工业局吧。"

"王部长，你了解我在延安的工作。"罗沛霖说，"我不善于人事，负不了全责。"

"你就是要负全责。"王诤信任地说，"我还是了解你的。"

"不行，不行。"罗沛霖恳切地说，"我只能做些技术工作，还是让别的同志来负全责吧。"

王诤还是坚持自己的意见，罗沛霖则一再表示他只能做技术方面的工作。最后王诤说：

"那就这样吧，我挂个名字，你做副局长。现在电信工业局正在由王士光同志筹备。天津解放以后，我们在那里成立了一个电信工业处，王士光同志任处长。副处长是王曙同志，你在延安的时候，他在通信学校工作。王士光同志现在北京，回头我介绍你和他见一个面，今后大家就在一起工作了。王士光同志，原在清华大学电工系读无线电专业，七七事变后没有随学校去昆明，而是入了党，在天津地下党组织中做通信联络工作。以后进入解放区，先后在晋察冀和晋冀鲁豫，一直做无线电方面的工作，是我们少有的无线电工程技术专家。相信你们会很好地合作。"

罗沛霖和王士光很快便见了面，也许因为王诤给他们互相做过介绍，也许因为他们的经历有不少相似之处，虽然是初次见面，却像是非常熟悉的朋友一样，彼此都觉得很亲切。王士光说：

"沛霖同志，已经知道你要回来，大家都在盼着了。"

"士光同志，我这就是到家了。"罗沛霖说，他对人们的热情欢迎，感到非常温暖。

"好啊，今后我们就在一起工作了。"王士光说。第一次见面，罗沛霖给王士光留下了很好的印象，他没有一般从海外留学回来的人那种高傲，言谈举止很朴实。

"到美国去，就是为建设新中国做准备。等新中国一宣布成立，我可就在那里坐不住了。"罗沛霖说，"听王部长说，天津有紧急生产任务，我可是等着分配呢。"

"王部长说了,你是从广州直接到的北京,还没有回家。"王士光说,"已经给你买好了去天津的火车票,也打电话通知了天津电信工业处,王曙同志会去车站接你,先回家团圆休息。至于说生产任务,就是天津电工二厂要生产一大批十五瓦的军用电台,所需电子管现做来不及,市面上倒是好买,做发射机也还可以,但是要通话还必须采取些措施。你回来了,和大家一起,想些办法吧。"

"好吧,我到家看看,就去工厂。"罗沛霖说。

"家里有什么困难,你就提出来,天津电信工业处尽量帮助解决。"王士光说。

于是,罗沛霖坐火车到了天津,王曙去车站把他接到家里。

20世纪50年代初和重庆老战友及子女们合影

杨敏如母女已经知道罗沛霖回国了,就是一直不见他回家来。因此,当罗沛霖突然出现在家里,杨敏如母女和两个孩子,都是惊喜不已。罗沛霖出国的时候,儿子罗昕已经懂事了,女儿罗晏正牙牙学语。现在,罗昕已经到了上学的年龄,一眼看去,使罗沛霖想起了自己的童年;女儿呢,也已经懂事了。罗沛霖一手抱起女儿,一手拉着儿子,说:

"你们都长高了,出息了,可也叫婆婆受累了。"

老人在一旁笑着,眼里含着激动的泪花,沉默不语。

"光婆婆受累了,妈妈就没有受累。"杨敏如装作有意见,却又憋不住地笑了起来。

"妈妈也受累了。"罗沛霖对着两个孩子说,"爸爸要谢谢婆婆和妈妈呀!"

一家人团聚,分外喜兴。两个孩子给爸爸唱起了歌,这些歌曲多是在解放区流传开来的,有的罗沛霖在延安时就会唱,便也随着唱了起来。这些歌曲都是杨敏如从学校学来教给孩子们的,她也唱了起来。老人已经听过无数遍,不学自会,不由得也跟着哼了起来。

歌声飞向窗外,越过墙垣,飞到街巷,和城市上空飘散着的欢歌笑语,融合在一起了。

罗沛霖在延安时,因为和王曙都在三局工作,所以早就有所了解。王曙参加革命工作很早,1931年夏天,杨虎城十七路军总指挥部在西安创办无线电训练班,招收青年学生,王曙受中共陕西省委的派遣去报考,成绩合格被录取。一年后学习

一家四口与甥女合影

结业,分配到总部电台,从事党的地下工作,直至西安事变。1937年初王曙到延安,分配到军委三局,在通信学校当教员。罗沛霖在延安的时候,王曙已经任通信学校教务主任。后来,王曙在三局先后任干部教育处和秘书处处长。罗沛霖和王曙在天津见面后不久,电信工业局便在北京成立了,王诤兼任局长,王士光、王曙任副局长,罗沛霖任技术处处长。

　　罗沛霖回到天津,并没有在家里休息,他待不住,急着要到工厂去。这个新生的天津电工二厂,毕竟是他两年前工作过的厂子,他想去看看;更主要的,他要赶紧熟悉情况,做到心中有数,这样在完成生产任务时,就会减少盲目性,少出差错,

20世纪50年代初与
妻子、爱子合影

把上级交给的工作做好。岳母已经看出了罗沛霖这种急切要求投入工作的心情,她不仅能够理解,而且予以支持。在一次吃饭的时候,她便说了:

"现在是新中国了,人们的工作都很忙。沛霖、敏如,你们更是这样。敏如在南大教书,本来课业就够重了,又参加文化局的戏改工作,还写剧本,没有一点闲工夫。沛霖呢,刚从国外回来,王曙同志虽然很关心,让你多休息几天,其实从他的谈话中,我听得出来,他也希望你快去上班,有重要任务等着你去完成。你呢,我也看得出来,你在家里也是待不住的,想尽快把工作抓起来。我想了,你们信得过我,你们就只管干你们的工作去吧,家里的事我包了。行呗?"

"行,行。"罗沛霖连声说,"就是妈您太操劳了。"

"你不在家的时候,妈就不操劳了?"杨敏如说,"她实在是太累了。"

"只要你们工作得好，两个孩子长得出息，妈多累也不嫌，多累心里也高兴。"老人说，"能助你们一臂之力，我也算是为建设新中国出了一点力，做了一点贡献。"

于是，罗沛霖便跟着王曙去电工二厂了。解放战争时，军委三局在阳泉办了一个通信材料厂，天津解放后并入天津电工二厂。因此，电工二厂的规模扩大了。罗沛霖还能感觉出来，工人的精神大不一样了，他们劳动，自己感觉到自己是工厂的主人，这个工厂，已经成了他们的家，是属于他们的。因此，他们要用自己的热情努力地劳动，对自己所在的工厂，所在的城市，对自己的国家，做出贡献。

就在这一年10月25日，中国人民志愿军开赴朝鲜。于是，抗美援朝、保家卫国在全国形成了一个热潮。天津电工二厂生产十五瓦报话台的任务，不仅加重而且加快了。这种电台是供朝鲜前线使用的，师、团都要装备的骨干电台。王士光、王曙和罗沛霖讨论，这任务无论如何也要完成好。不仅要保证数量，更要保证质量，性能要好。王诤指示罗沛霖亲自驻厂，指导工作。

国内生产报话机，还没有固定型号，各厂家生产的元件也不统一。部队目前使用的电台，一种是从香港买回来的二次世界大战的剩余物资，这种报话机，波段、制式都不符合要求；另一种是苏联援助的，作为骨干电台，既不适用，数量也不足，不能满足部队急需。因此，要自制十五瓦报话台，设计上需要进行许多改进，但现做电子管来不及，只能用从市面上买得到的美国制造的束射功率管。先是参照加拿大产品进行设计,采用聚束极调制,但失真限值太低,理论上能达到四瓦,实际上只相当于二瓦,通信距离短。罗沛霖建议,改用栅极调制,解决了调制低这个难题。但这样做也还有问题,栅极调制虽然可达全幅调制,却难于调整,难保线性。于是,罗沛霖又创造出一种简易激励调整电路和配套的简易调整方法。这样一来,不仅便于广大通信战士掌握使用,而且能够达到满意的效果。这种型号的电台,生产了上千台,供给志愿军前方使用。

罗沛霖刚一回国,就投入到紧急的生产任务中,他感到很欣慰,也很光荣。他似乎进入了一种忘我的境界,两个孩子有岳母照顾,杨敏如在大学教书,工作很好,他也就没有任何牵挂。现在,他只有一种心思:工作,工作,工作。他觉得有一种热烈的东西,鼓荡着他的心胸,对于他在十三年前就下定决心追求的党组织,负起了一种必需报答的恩情。

自从1937年年底,罗沛霖离开武汉奔赴延安起,在战争和革命的锻炼中,在工作和学习上,他按照党组织的指示和希望,严格地要求着自己,努力追赶着时代的洪流,不使自己落伍。一个出身于资产阶级家庭的知识分子,渐渐知道了什么是最高的精神境界,他的思想水平逐步地提高起来,他的革命品质也越来越坚强。十三年来,无论是在延安,在重庆,在天津,还是在美国的帕萨迪那,又回到天津、北京,他不仅在思想上一直和党组织保持一致,就是在组织上,他也无时无刻不在保持着联系。他的每一个行动,都是按照党组织的要求而做的。而且，他总是督促着自己，把党组织交给的每项任务，都努力出色地去完成。

但是，他毕竟还没有履行组织手续。他想，新中国成立了，党的组织已经在各个领域都公开了，他不能再做党外布尔什维克了。于是，他利用繁忙工作的空余时间，写了一份长达万余言的自传，交给党组织，再一次提出了入党申请。

一个工业基地的诞生

王诤既要领导着通信部，又要主持邮电部的常务工作，电信工业局的工作，主要就由王士光、王曙来抓，技术方面的事情，罗沛霖要起重要作用。中国的电子工业，在20年代就开始搞了，但多是从国外进口元件，进行组装。以后的发展，不仅缓慢，而且规模都不大，也比较分散。现在是新中国，王诤认为有条件建综合性大厂，把中国的电子工业发展起来。他提议王士光参加第一届赴苏联贸易代表团，主要就是去考察苏联电子工业情况，为建电子工厂做准备。王士光从苏联归来以后，便和罗沛霖商量，在中国发展电子工业，应该建设哪些工厂，以备第二届赴苏联贸易代表团带这些项目去。

"首先要建电子管厂。"王士光说，"没有电子管，不自己独立生产电子管，发展电子工业就难了。"

"第二就是要建电子元件厂。"罗沛霖说，"这个厂要能够生产各种类型的元件，元件种类繁多，各有不同要求，产品要尽量做到完备丰富。"

"除了要建这样两个大厂，还要建什么？"王士光说，"我们要想周密些，既不能滥建，造成复重生产；也不能少建，造成缺腿。我想，还应建一个自动交换机厂，这样的厂子国内虽然有，但很少，生产能力也很有限。"

"好，你这意见好。"罗沛霖说，"我也这么想。我国电子工业，虽然说从20年代起就开始搞了，但到现在也没弄出多大名堂来，基础还是很薄弱的。我们要发展我国的电子工业，就要建几个规模宏大，设备先进的厂子。"

电信工业局，名义上是挂在重工业部，因为王诤兼任局长，实际上也就由通信部管了。第二届赴苏联贸易代表团，电信工业局没再去人，是通信部派了一名处长去。几乎与此同时，国家又组织了赴民主德国第一届贸易代表团，罗沛霖被派参加，负责科学实验仪器和无线电通信器材订货的谈判。

当第一届贸易代表团快要结束在民主德国的工作时，国内传来指示，罗沛霖不要和贸易代表团一起回国，留在民主德国准备参加第二届贸易代表团。这是因为，第二届赴苏联贸易代表团向苏联提请援建的元件厂项目，苏联没有承担，只承担援建电子管厂和自动交换机厂。因为苏联元件生产的建设也是依靠民主德国，他们向民主德国的元件生产设备的订货，相当于中国向民主德国订货的五倍。这样，苏联不可能向中国提供元件生产的设备。罗沛霖在民主德国的任务，就是负责谈判援建元件厂这一项目。于是，代表团便向民主德国提出了援建元

在德国

件厂项目。民主德国很重视,重工业部长契勒尔接见了罗沛霖,表示完全支持,中国有什么要求,只要民主德国能做到的,都将答应下来。因为订货项目很复杂,需要参观很多工厂,契勒尔专门指派了一名高级工程师那格勒,陪同罗沛霖到各有关的工厂去。为了完成这个任务,罗沛霖和那格勒必须周游整个民主德国领域。这是因为,民主德国也没有一个生产多种元件的工厂,而有的则是各个专业的工厂。除了柏林,罗沛霖和那格勒还去了莱比锡,这是欧洲的铁路枢纽,火车站有几十条铁轨,这里的电声厂、有线电厂的规模都比较大;德累斯顿是一个文化名城,被战争破坏的王宫博物馆还没有修复;在马克思城,他们看了电表厂;去瓦哈看电缆厂,经过爱森纳赫,马丁·路

1953年在柏林斯大林大街（今卡尔·马克思大街）

德就是在这里翻译《圣经》的；泰尔托有个电阻厂，他们去看了；去格拉，是看电容器厂；去赫尔姆斯多尔夫岔路口看一个大陶瓷厂；去耶拿，是看石英厂……开始，给他们派了一名德英翻译，但英文水平不高，那格勒说不用了，直接用英语和罗沛霖交谈。他们访问了二十来个工厂和研究室。

罗沛霖在民主德国工作半年后，国内忽然提出，仍将援建元件厂项目转到苏联，让罗沛霖回国。罗沛霖自然感到非常被动，但因是上级决定，又是在国外，他应无条件服从。

"你回去还是争取一下。"商务参赞张光斗说，"不然这里不好交代。"

"回去看看吧。"罗沛霖只是说了这样一句。

罗沛霖回到国内，立即向王士光汇报了在民主德国工作的情况。王士光说：

"还是一边倒，向苏联订货吧。"

"商务参赞让我回来争取一下。"罗沛霖说，"既然如此，就不办了。"

大约过了不到半年时间，援建元件厂的项目，又要转到民主德国，苏联还是不能承担这个项目。由王诤主持，给中央军委写了一个报告，批准还是将元件厂的建设，从民主德国引进。于是成立了元件厂筹备组，罗沛霖被任命为组长，并再次赴民主德国，探讨总体方案的设计与实施。民主德国方面，仍然是那格勒负责，他与罗沛霖合作得很好。

当罗沛霖在民主德国与那格勒完成元件厂总体方案时，王诤和王士光来到民主德国，参观并审查元件厂设计方案。罗沛霖汇报，这个元件厂的生产，包括近二十个大类、几百个品种、谱系十分完备的产品。此外，还有一个整机和元器件实验所需相当齐全仪器的中心研究所，一个先进完全的工具车间和一个配备完全的大修车间，准备以后成立独立的研究所和工模具厂、专用设备厂。为这个厂服务的还有一个热电站和一个焦化煤气站，副产动力苯、萘和焦炭。这样一个十分复杂而又非常庞大的工厂，覆盖了民主德国二三十个工厂的技术。因此，罗沛霖要和民主德国各有关方面进行很复杂很细致的谈判，和那格勒到所有有关的工厂去了解情况、熟悉技术，讨论所包括的具体内容。王诤和王士光基本同意了这个总体设计方案。又经过半年时间，才完成扩大的初步设计方案及报价工作。于是罗沛霖回国，等待民主德国来人进行审批。

这时，又成立了新的华北无线电器材厂筹备组，调张家口主管工业的副市长李瑞任组长，罗沛霖改任副组长。随后，民主德国电信工业局局长黑格曼率领专家组来中国，专门参加元件厂的审批答辩。经过半年时间，完成审批及少量的修改。

1954年在北京东北郊破土动工，开始建厂。李瑞任厂长，王凌西任党委书记，罗沛霖任总工程师兼第一副厂长。这个厂整整筹备了三年，有一半时间罗沛霖在民主德国度过，现在，蓝图终于变成现实。在最初的日子里，罗沛霖几乎整天都活动在工地上。而且，夜晚工人加班，他也跟着加班，白天仍然出现在工地上。常常是在傍晚工地全部静下来以后，罗沛霖也不是马上就离去，而总是爬到一个最高的地方去，站在那里，俯视整个工地。即将没入西山的太阳，射出万道霞光，照得工地一片灿烂。在罗沛霖眼里，这是一幅多么壮美的图画，画中的一切，是这样亲切，这样珍贵。

这就是华北无线电器材联合厂。设计规模，职工六千五百人，建成时八千人，生产建筑共十三万平方米。它是中国第一个这样大型综合的电子元件制造联合厂，实际上就是一个大型工业基地。这个工厂的建设，开辟了中国自力更生生产电子元件的道路，并且提供了有关产品自力更生进行研制的条件。

因为罗沛霖对发展新中国电子工业的杰出贡献，他被选为北京市人民代表。组织上为了照顾他的生活，让他把家从天津迁来北京。杨敏如被安排在北京师范大学中文系，继续从事她

1996年罗沛霖（左三），李瑞（左五）与华北无线电器材联合厂的老同志再聚首

所热爱并献身的教育事业。

  李瑞在抗战开始时即投身革命工作。他原在保定工业专科学校学习机械制造，七七事变，日军很快侵占了保定，学校停课，他便在家乡望都参加了抗日工作。张家口解放后，他参与领导了那里的工业建设，积累了丰富的经验，很善于团结知识分子，充分发挥他们的作用。他比罗沛霖小八岁，很尊重这位在无线电工程技术方面有着很高造诣的专家，而且在很短的时间内便了解了罗沛霖的身世家庭，知道他有一件心事，就是组织问题一直还没有解决。罗沛霖从美国回来之后不久就写了入党申请书，但是很快他就去了民主德国；而且他的社会关系又

2009年华北无线电器材联合厂故人相聚

华北无线电器材联合厂五十周年纪念

比较复杂，还有不少海外关系，这都需要严肃认真地进行调查了解。罗沛霖所在的重工业部电信工业局、二机部第十局，都很难抽出一定的人力去做这件工作。当罗沛霖的关系转到华北无线电器材联合厂以后，李瑞和王凌西下决心组织人力，对罗沛霖的个人历史和社会关系进行调查。结果，罗沛霖的个人历史和社会关系，都搞清楚了。无论罗沛霖的历史表现，还是现实表现，都符合一个共产党员的标准。经党支部讨论通过，并报上级党委批准，罗沛霖于1956年3月24日参加了中国共产党，成为一名共产党员。

这一年，罗沛霖再度当选为北京市人大代表。

远大的规划

北京的春天，也变得美丽了。政府年年号召种树，城市绿了，花也多了，风沙少了，空气显得清新，阳光也显得明媚，处处是一片灿烂的景象。

1956年1月，中央召开了知识分子问题会议，毛泽东、周恩来都亲临讲话，指出知识分子的绝大部分已经是工人阶级的一部分，号召全党努力学习科学知识，同党外知识分子团结一致，为迅速赶上世界科学先进水平而奋斗。于是，很快便在全国出现了一个向科学进军的热潮。向科学进军，赶上世界先进水平，最重要的是首先要有一个切实可行的长远科学研究技术发展规划。毛泽东在最高国务会议上说："我国人民应该有一个远大的

1956年参加制定十二年科学规划时

规划,要在几十年内,努力改变我国在经济上和科学文化上的落后状况,迅速达到世界上的先进水平。"周恩来在政协会议上,也明确提出了向现代科学技术大进军的号召,要求国家计划委员会、中国科学院和有关部门,制定出1956年到1967年的十二年科学技术发展远景规划。对这个规划的总的方针和要求,周恩来作了明确的指示:"这个远景规划的出发点,是要按照需要和可能,把世界科学的最先进成就尽可能迅速地介绍到我国来,把我国科学事业方面最短缺而又最急需的门类,尽可能迅速地补足起来,根据世界科学已有的成就来安排和规划我们科学研究工作,争取在第三个五年计划期末使我国最急需的科学部门能够接近世界先进水平。"

制定这样一个科学规划,是中国有史以来的第一次,也是中国科学技术工作者一项艰巨而光荣的任务。国务院召开了制

罗沛霖（右）与钱学森合影

定科学技术远景规划的专门会议，罗沛霖参加了。令罗沛霖十分欣慰的是，在他初到延安曾经领导他的无线电研究实验工作的李强，现在是规划领导小组的成员，分管无线电电子学；他和钱文极以及另外两位教授是无线电电子学组的副组长，组长是王士光。另外，钱学森终于回国了，而且赶上参加了这个会议。

原来他在美国被释放后，仍然继续受到移民局根据麦卡锡法案进行的迫害，行动处处受到移民局的限制和联邦调查局特工人员的监视。直到1955年6月的一天，他几经周折给陈叔通写信，夹在了寄给比利时亲戚的信中，请求帮助回国。陈叔通收到钱学森的信后，当天就转给了周恩来。于是在8月1日日内瓦中美大使级会谈开始时，王炳南便与美方交涉，迫使美国不得不让钱学森回国。就是这样，在钱学森乘美国邮船的归途中，仍然被美方当作犯人对待。

钱学森离开美国，在那样艰难的条件下，也还牢记友情，没忘记罗沛霖的爱好，特意买了整套罗沛霖喜欢的外国钢琴曲集的密纹唱片，送给了罗沛霖。现在，罗沛霖和钱学森一起参加国务院召开的专门会议，制订国家科学发展远景计划，该是多么激动和兴奋。

罗沛霖和钱文极竟然都担任了无线电电子学组的副组长，两个人感到无比欣慰。钱文极说：

"罗兄，像在延安通信材料厂时一样，我还是你的助手。"

在只有两个人谈话的时候，钱文极总是称罗沛霖为罗兄，他觉得这样称呼罗沛霖亲切，能够充分表现他们在延安一起工作时兄弟般的情谊。罗沛霖则总是像呼唤弟弟一样，叫钱文极为文极，虽然钱文极已经是总参通信部通信技术研究所的主任，罗沛霖也并不叫他钱主任。

"罗兄，你看我们无线电电子学规划组，十几个人，都是教授、专家、学者，只有我一个人不是。"钱文极说，"王诤部长让我来参加，主要是具体搞军事电子部分。"

"文极，你也是专家，而且还是领导。"罗沛霖说，"况且，电子技术的应用，目前很重要的一部分，还是在军事领域。"

确实，中国的无线电工程技术人才，不少被王诤集结到总参通信部来了。总参通信部有两个研究所，一个就是北京的通信技术研究所，技术人员有近百人，集中了新中国成立前资源委员会无线电工业部门和邮电部门的若干高级技术人员，解放初期从国外回来的留学生；还有一个就是南京雷达研究所，也集中了一些技术人员，数量比通信技术研究所要少些。

钱文极告诉罗沛霖，抗日战争期间，他一直在军委三局工作。日本投降后，他到晋冀鲁豫军区司令部通信局工作。以后又调到华北军区通信处，参加了接管天津市的工作，任天津电工二厂厂长。1950年年初调回军委通信部，任器材处处长，又在王诤直接领导下工作。去年夏天，到通信部通信技术研究所当主任。

现在，虽然无线电电子学组只有十几个人，却都是高级技术人员，制定的是指导整个国家的无线电电子工业发展规划。作为电子学组的负责人，罗沛霖和钱文极的工作是非常紧张的，每次讨论会都要记录、整理，还要向上级汇报。上级有什么指示，也要向组里传达。白天忙一天，夜里还常常工作到很晚的时候，才能休息。起草规划初稿，因为时间紧迫，他们更是夜以继日。终于，在一天深夜，他们把规划初稿写完了。

"休息吧。"钱文极舒展了一下身体说。

"休息吧。"罗沛霖一边说着，一边收拾规划初稿。

就在这个时候，两个人都不约而同地笑了起来。

"你笑什么？"钱文极问罗沛霖。

"你笑什么？"罗沛霖问钱文极。

"我是想起，在延安的时候，我们俩晚上在窑洞里刻度盘的情景。"钱文极说。

"我也是想起了刻度盘。"罗沛霖说,"有天晚上,我们一直刻到快天亮的时候,你趴在桌上就睡着了,披在身上的大衣掉了下来。我把大衣又给你披好,就走到外面,爬上一个山头,看到东方天际露出了红色的曙光。"

"原来你那夜没睡呀,我可不知道。"钱文极说。

"你太困了,我返回窑洞来,你还在打呼噜,我不得不把你叫醒,白天还有工作呀!"罗沛霖说。

"想不到我们现在又在一起工作。"钱文极说。

"工作的性质一样。"罗沛霖说,"所不同的是,那是在窑洞里,现在是在宾馆里。"

"想想也真有意思。"钱文极说着,又开心地笑了起来。

罗沛霖也爽朗地笑了起来。

于是,两个人都陷入沉思之中。想起延安那片深情的土地,壮丽的河山,留下的足迹,洒下的汗水,青春的年华,火热的生活。

这一夜,他们都没有睡着。

在产业和学术两界奔波

1957年,苏联发射了世界上第一颗人造地球卫星,宣布了空间时代的到来。美国立即改造了一部现役雷达,实现了对苏联这颗人造地球卫星的观测。这时,中国科学院电子研究所和二机部十局联系，提出搞一个超远程雷达项目，因为事情太大，希望和电子工业部门合作。二机部十局表示同意与科学院电子研究所合作，刘寅对罗沛霖说：

"赵尔陆部长和我讲，你是副总工程师，不要总是仅搞行政工作，具体抓一下这个项目。就以南京雷达厂做基地，让长江机器厂来帮助做。"

"北京工业学院是最早搞了雷达专业的，可以请他们派人参加。"罗沛霖说。

"好，这样搞好。"刘寅说，"科研、生产、教育相结合。"

"也要和清华联系一下。"罗沛霖说，"请他们也派人参加。"

"可以。"刘寅说，"通过搞这个项目，培养、锻炼一批科研人员，同时带动生产和教学工作。"

于是，成立了一个超远程雷达研制领导小组，刘寅任组长，中国科学院电子所所长顾德欣和罗沛霖任副组长，罗沛霖负责技术的组织协调和技术指导日常工作。在南京，由刘寅主持，集中讨论了研制计划方案。具体技术工作是由第十四研究所的张直中来做，解放前他曾在英国进修雷达技术并在雷达修配厂做技术工作，还在大学里当过教授，很有学问。但做超远程雷达，确实不是一件简单的事。美国为了预警导弹袭击，是靠大的雷达，用大的天线，强大的发射电子管，最灵敏的接收机做引导，远程雷达做精密跟踪。做美国的这种雷达，技术、工艺都有困难，理论上也有待澄清。参与超远程雷达研制的技术人员，虽然知道还要做大量工作，却没有畏难情绪。但罗沛霖作为负责技术协调与技术指导工作的副组长，却感到了肩负责任的重大和压力。他知道，天线和电子管是硬活，要花大力气；而接收方面却是巧活，不仅需要掌握更深的理论，还要实践才行。他在美国学习时，注意到了信息的统计规律，因而特别选了数理统计学，还自修了克来莫的经典著作，对国际上信息论的发展也是跟得紧的。因此，他对雷达信息积累的物理概念，简单明晰地说清了积累的现象和规律，使参加者顿时理解清楚。他还提出了门波积累接收方法，以简单而直接的设施提高雷达检测的能力。大家听了罗沛霖讲述的理论，更增强了研制超远程雷达的信心。

终于，在第三年，实现了观测月球回波的任务。

测试月亮，由北京工业学院王中负责实施。利用十四研究所的雏形实验雷达，用二点七秒，测到并显示了月亮的回波。这个成果，使中国成为继美国之后成功地用雷达检测到三十八万公里遥远月球回波的国家。

"成功了，成功了！"人们欢呼起来。

"这只能说是成功的开始。"罗沛霖说，"这仅是超远程雷达雏形的实验验证，还有很多艰巨的工作需要我们去做。"

但是测试月波的成功，毕竟鼓舞了大家的干劲。这是根据中国实际出发进行的科学实验，打破了美国的封锁与垄断，自辟蹊径，去研制出一个比美国的雷达功率还要大、性能还要好的中国雷达。

1961年以后，超远程雷达的研制工作，划归国防科委第十研究院，原来的领导小组不复存在。但罗沛霖却把他在超远程雷达初期研制过程中，提出的具体的信号积累方法，作了进一步深入的研究。在1962年中国电子学会第一届年会上，宣读了论文《雷达信息理论若干含义》。超远程雷达研制项目，在随后开始的十年"文化大革命"中迭经磨难，终于在南京电子技术研究所的努力下建成。并于1977年通过鉴定验收，服务于中国的卫星监测网，在外空目标探测中出色地完成了任务。

早在1956年编制科学技术发展规划期间，电子行业的一些专家主张把各部门的专家、学者联合组织起来，成立一个跨部门的有权威的群众性学术团体，以组织和推进全行业性学术交流活动。因为罗沛霖熟悉各方面专家和领导干部的情况，在成立中国电子学会的呼声中，自然也就被委托做具体的组织工作。经过罗沛霖的奔走，由王诤和邮电部副部长王子纲牵头，6月9日在北京召开了中国电子学会筹备会议，确定了筹备委员会人选，由王诤任主任委员，王士光、林爽、孟昭英、马大猷任副主任委员，罗沛霖任秘书长。

但是，因为反右派斗争，接着又是反右倾运动，社会群众性科学技术活动一时都停止了。因此，中国电子学会的筹备工作，也实际上陷于停顿状态。直到1962年年初，罗沛霖去广州参加全国科学技术发展工作会议，任电子学组组长，感到正式成立中国电子学会的时机成熟了。于是经过一番准备，在4月召开了中国电子学会成立大会。王子纲任理事长，孙俊人任副理事长兼秘书长，罗沛霖改任副秘书长。中国电子学会确定以学术活动为第一中心工作，孙俊人兼任学术委员会主任委员，罗沛霖为常务副主任委员。

1963年年初成立四机部时,罗沛霖任科技司副司长。这一年年底,他被派往古巴,应古巴工业部长格瓦拉要求,偕同处长吕乃竹协助规划古巴电子工业建设。在古巴工作三个月后回国,不久又率考察团赴英国参观仪表与自动化展览会,同时参观考察电子及计算机企业,探索技术引进并在瑞士做短期考察。回国后,罗沛霖建议召开并主持了电子工业微型化会议,开辟电子工业微电子领域,并积极推进电子计算机第二代发展。

因为出色的工作,卓越的贡献,罗沛霖在1964年当选为第三届全国人民代表大会代表。也是在这一年,开始社会主义教育运动,中国电子学会工作再次停顿。直到1979年,才又恢复活动,在大连召开了理事会及学术年会,刘寅任理事长,孙俊人任副理事长,罗沛霖任学术工作委员会主任。

第七章
暗 日

运动来了

　　1966年5月16日,中共中央发出关于开展"文化大革命"的通知。几天后,四机部贴出了两院子大字报,都是揭发批判罗沛霖的,说他是资产阶级学术权威,传播美帝国主义文化。他感到吃惊,也想不通,他还不能接受这样的批评,大字报所写的内容,没有说服力,有些更是不着边际。因为,实际上他一贯主张实事求是,以中国实际为依据,吸收各国的先进技术。而且,他不仅这样主张,也是这样身体力行。怎么,他竟然成了传播美帝国主义文化的资产阶级学术权威?运动来势很猛,罗沛霖不得不交出他平日所写的文稿。于是,又掀起了一次批判罗沛霖的大字报的高潮。这次就不只是贴在墙上，而且还贴在临时专门搭起的长约七八十米的席棚上。大字报的内容很广泛，除了揭发批判罗沛霖的学术思想，也涉及了他的社会关系、家庭出身和个人经历。罗沛霖能够看出，写大字报人的种种心理，有的是迫于形势，不得已而为之；有的是想有所表现，推波助澜；有的是随波逐流，免得被人说成是落后分子。但却有一个共同特点，大约都是为了适应运动的要求，或是断章取义，上纲上线；或是道听途说，捕风捉影。他看着这些大字报，有些气恼，但不便表露；又感到可笑，却笑不出来。他最了解自己，他不是大字报上说的那种样子，大字报上的罗沛霖，在他看来根本不是自己，而是另外一个人。因此，他很坦然，似乎是在看写别人的大字报。有人旁观，说罗沛霖"胜似闲庭信步"。这种态度，自然又成了新的大字报的内容。后来，开始批判资产阶级反动路线，才暂时把对罗沛霖的批判放在一边。

和罗沛霖不一样，杨敏如就很紧张，很害怕了。北京师范大学的运动，是非常猛烈的，中文系贴出的第一号《勒令》，就是关于杨敏如的，限她若干天内交代反动出身、反革命罪行等。很快，有关杨敏如的大字报就贴到了校门口；师范大学的《百丑图》上，也有杨敏如的漫画像，戴着一顶硕士帽，帽子上拴着钱……杨敏如虽然难于忍受这些，却也无处诉说。在白天，她要写交代材料，只有晚上回到家里，才能和罗沛霖交谈。

"敏如，你一定要记住两件事。"罗沛霖说。

"哪两件事，你说吧。"杨敏如说。

"一个，不管将来怎样，决不能自杀。"罗沛霖说，"我们没有做任何昧良心的坏事，一自杀就变成畏罪自杀。千万不可顾面子，一定要挺住。"

想到学校贴的那些大字报，杨敏如自然感到冤屈，泪就流出来了。罗沛霖的话，让她感到亲切、温暖，感到安慰。她说：

"沛霖，你说得对。不能自杀，我记住了。第二件事呢？"

"第二件事，不可和红卫兵对立。"罗沛霖说，"你听到他们批评不对，你就想我们是同一个革命立场，切不可出于气恼，和他们争论。"

"这件事，我也记住了。"杨敏如说。

"记住就好。"罗沛霖说，"只要这两件事做到了，就没有过不去的火焰山。"

这一年8月18日，毛泽东在天安门城楼上，检阅来自全国各地的百万红卫兵。第二天，北京便掀起了红卫兵破四旧运动。对此，罗沛霖还是想得通的，他早在上学时作的一篇作文中，就曾提出只有破坏了旧的基础，才能进行新的建设的思想。于是，他自写一联毛泽东诗句"四海翻腾云水怒，五洲震荡风雷激"，表示欢迎破四旧，并请机关组织来家中破四旧，组织上只派两名佩戴红卫兵袖标的出身好的年轻干部来看了看。香山外贸学校的学生来了解情况，居委会告诉他们罗沛霖家是资本家，自然就要真正来一番破四旧了。因为罗沛霖嘱咐过不可和红卫兵对立，杨敏如只好表示情愿，把衣箱打开。一股樟脑味散发出来，红卫兵说：

"这是资产阶级臭气！"

红卫兵没有从衣箱中摸出金条和武器之类，便让打开装有唱片的小柜。里边装有罗沛霖从美国带回来的七十多张密纹唱片和三四十张老唱片，这都是他和杨敏如心爱的宝贵的东西。红卫兵对罗沛霖说：

"亏你是个共产党员，有这么多黄色唱片！"

"这些可不是黄色的。"罗沛霖解释说。

"你说不是黄色的？"红卫兵喝道，"你敢说是红色的吗？"

"倒也不能说是红色的。"罗沛霖想了想说，"算是白色的吧。"

罗沛霖的话刚说出口，红卫兵忽然发现垫唱片的报纸有些是英文的，立刻提高了警惕，特意把这些报纸抽出来，以便带回去仔细审查。

"这些唱片，我私人不该留存。"罗沛霖对红卫兵郑重地说，"希望你们把这些唱片送到音乐学院，不少可能国内还没有。"

红卫兵没有理会罗沛霖说的这些话，又去翻书橱上的书籍。他们并没有看书的内容，甚至连书的名字也没有看，便对罗沛霖说：

"你这个共产党员，毛主席著作这么新，必是平时不学习，别的书本那么旧，像什么话！"

结果，他们把《史记》全部拿走了。

红卫兵还拿走了数十张字画，两个雕漆小柜，小柜抽屉里放有包括鸡血石在内的百十枚图章。杨敏如不免有些心痛，却也只好想着"革命不是请客吃饭……"想着旧的东西要破除，包括自己的灵魂也要进行冲刷，还一个清白革命的自我。母亲也掏出钥匙，打开锁着的一只小柜，把过去向国家捐献文物时余下的几件首饰，都拿了出来，眼看着红卫兵装进了自己的口袋里。罗沛霖从民主德国给杨敏如带回来的一台电动缝纫机，因为上面的字都是外文，红卫兵知道这是洋玩意，也要弄走。而且还说罗沛霖和杨敏如不老实，为什么不交出钥匙。罗沛霖解释说，这是缝纫机，没有钥匙。于是，他立刻拿笔给红卫兵画了一张示意图，说明如何开，如何关，如何使用，画得很细致。罗沛霖那画过复杂图纸的手，画这样一张缝纫机的简要说明，显然不在话下。

红卫兵这才显出满意的样子，准备走了。罗沛霖便帮他们整理装箱，共装了七箱。红卫兵临走时，又对罗沛霖说：

"照片、衣物，留给你们自己处理。假如你们不烧掉，街道告发，我们还要来的。"

虽说是破四旧，实际上就是抄家。并且自此以后，街道上便勒令杨敏如的母亲，每天早晨去扫街。她原本出身贫苦，一直参加劳动，现在却被当成有罪的资本家，心灵深处该是多么苦楚。

一天黄昏，戴乃迭身穿一身蓝制服，骑一辆自行车，慌慌张张地来了，进门见了杨敏如，便说：

"沛霖呢，沛霖呢？"

"沛霖上班还没有回来。"杨敏如看戴乃迭一副急切的样子，便问她，"找他有什么事？"

戴乃迭急忙递给杨敏如一张纸条，说：

"这是宪益让交给沛霖的。"

杨敏如接过纸条一看，只见上面潦草地写着："他们要我交代反革命罪行，明天要打死我，你快去找徐冰。"杨敏如匆匆看过，便赶紧把这张纸条藏了起来，她是担心母亲看见了害怕。戴乃迭没再说什么，便急慌慌地骑上自行车走了。显然，她是偷着来通风报信的。

罗沛霖下班回来了，杨敏如便把戴乃迭送来的那张纸条让他看了，并且用一种极为恳切的口气说：

"沛霖，你可一定要救我哥哥。"

杨宪益自从在重庆由罗沛霖带着去看过徐冰以后，他便按照徐冰的要求去工作了。新中国成立以后，他在南京市政协做统战工作，后调北京，和戴乃迭一起在外文局专事翻译工作。徐冰曾推荐罗沛霖和杨宪益列席第二届第一次全国政治协商会议。1961年罗沛霖还和杨宪益一起去看过徐冰。1963年，杨敏如作为民盟成员参加过中央统战部双周座谈会，徐冰把杨敏如介绍给李维汉、平杰三，说："这是杨敏如，她的哥哥杨宪益是我们的老朋友，翻译了很多的书。"徐冰可以说是杨宪益走上革命道路的第一个领路人，现在是中央统战部部长。罗沛霖连晚饭都没有来得及吃，便赶紧打电话给徐冰，但是联系不上。于是，罗沛霖又给杨宪益打电话，虽然不便在电话中多说什么，但还是想再问一问情况，把情况了解得尽量详尽准确一些，这样才便于向上级领导反映情况。

"我听见毛主席说,杨宪益不是坏人。"杨宪益在电话中说。

"你在哪里听见的?"罗沛霖在电话中问。

杨宪益并不说他是从哪里听来的毛主席的话,只是再三说毛主席说杨宪益不是坏人这句话。后来才知道,杨宪益被揪出来批斗,一时紧张得了"幻听",耳朵里总是听到毛主席说"杨宪益不是坏人"。

和徐冰联系不上,罗沛霖急忙吃了饭,便骑车到刘寅家去,请求予以帮助。刘寅让罗沛霖去找部里保卫司司长潘延亭。罗沛霖便又立即去找了潘延亭,潘延亭给罗沛霖出主意,让他去国务院机关事务管理局接待站。

罗沛霖先回家中,写了一份书面材料,然后带着材料骑车去西安门国务院机关事务管理局。已是夜里了,国务院机关事务管理局门口灯火通明,罗沛霖见有女红卫兵把守,便上前向她们说明事由。女红卫兵听说这材料里面涉及外国专家,便让罗沛霖进去见接待人员。

罗沛霖见到的那位接待人员,原来是四机部的机关干部,他不仅知道罗沛霖,而且知道罗沛霖认识陈伯达。陈伯达调查电子工业发展情况时,罗沛霖参加了。现在陈伯达是中央"文革"小组组长,有事找他,自然容易解决,他只要批几个字就行了。这位接待人员让罗沛霖给陈伯达写了一封信,并说保证即刻送到。罗沛霖表示了谢意,这才骑上自行车,回家休息。

杨敏如一直等着罗沛霖。当罗沛霖回家后向她讲了去国务院机关事务管理局接待站的情况，她不仅非常理解罗沛霖的做法，而且在内心深处，更加深了对罗沛霖的敬爱之情。当杨宪益遇到危难，罗沛霖没有抱怨，没有推诿，而是挺身而出，不辞辛苦，连夜奔走，向上级反映情况。他生怕下面违背政策，认为只有和上级取得联系，才能救得了杨宪益。后来外文局的红卫兵在批斗杨宪益的时候，指斥他不该向外面通风报信。不管怎么说，向上面反映了情况，反正红卫兵不至于打死杨宪益了。

后来，杨宪益和戴乃迭被捕。不久，罗沛霖在机关被隔离审查，没再让回家来。接着，杨敏如在师大也被隔离审查。

家分五处

杨敏如的主要罪行是胡风集团和漏网右派问题。她在天津教书时，曾代表系里请诗人鲁藜给学生讲过课。后来，鲁藜被打成胡风分子，现在就是审查她和鲁藜、胡风的关系。还有，她是民盟成员，发表过不少被认为是"极右"的言论。在师范大学被隔离审查的人当中，杨敏如的问题似乎还算是比较少，也比较轻的，因此，便让她当上了牛棚的队长，日子不是太难过，劳动也不是太累。叫黑帮分子去洗澡，她是第一名。买纸、买本，也是让她去。但是，家里呢？家里就剩一老一小了。罗昕正在工厂里受苦。他的性格近似爸爸，很有主见。从小非常聪明，在幼儿园里总是第一名。初中毕业时，不上高中，填了六个志愿,全部是中专,一心想学无线电。他说,爷爷是无线电的官,爸爸是无线电工程师,他要做无线电工人。中专毕业以后,他要去三线。他三个志愿都是填报成都,结果分配方案一公布,他的女朋友是去成都,他是去北京电子管厂。罗昕去找老师,说:

"我三个志愿都是报的成都,为什么把我留在北京?"

老师知道罗沛霖是无线电权威,便说:

"我们要照顾你爸爸。"

罗昕一听这话,便立即赶回家中,说定是妈妈到学校找了老师,才把他留在北京的。杨敏如本来就是个急脾气,一看儿子这急急火火的样子,便也急了:

"我没去说,你爸爸也没去说,你要去成都我们不留你。"

结果,罗昕还是被分到北京电子管厂,他的女朋友去了成都。罗昕在厂里一边工作,一边上夜大,埋头在无线电技术中。一天,他回到家里来,进门就听爸爸从美国带回来的唱片。妈妈说话了:

"你一回来就听唱片,不问政治,你写入团申请了吗?"

罗昕其实早已写了入团申请,听妈妈这样问,他却说:

"没有。"

"唱片里有什么?"妈妈又说。

"回家也讲阶级斗争么?"罗昕说着,走了。

后来厂里来人,对杨敏如说:

"罗昕是替人上了夜班,回来听听音乐,有什么不好?你应引以为荣。他早就申请入团了,只是没告诉你。"

看来,妈妈还不了解儿子。

"文化大革命"开始了,家里几次被抄,罗昕喜欢听的那些唱片也被抄走了。厂里分了派,斗得很凶。现在,爸爸是国民党,妈妈是胡风分子和漏网右派,舅舅和舅妈是特务,罗昕在厂里的日子自然很不好过。这时,女朋友去川北青川建厂,罗昕也要求去青川。一般人都不愿去那里,罗昕愿去,便被批准了。1969年女朋友回北京,他们匆忙地结了婚。1970年两人都去了青川。

罗晏在北大上学。爸爸被隔离审查,妈妈被隔离审查,哥哥终日住在厂里,家里就剩下婆婆和弟弟,她便挑起了家庭的担子。一有时间她就回家,见婆婆扫街,她便从婆婆手里拿过扫帚,完成婆婆应扫的地段。

罗晋十岁的时候,看到的就是抄家。现在爸爸和妈妈都被隔离起来,就剩婆婆在家,还让扫街,他幼小的心灵,很难承受这些打击,他有点抬不起头来。

"你干吗抬不起头来?"罗晏鼓励罗晋说,"文化大革命,这也是经风雨见世面,学会克服困难,这就是长本事了。"

"姐姐,你真好。"罗晋说。

后来,罗晏去了北大褒城分校。毕业后,分配陕西武功。她想,武功好,武功离青川近了,和哥哥互相照顾起来比较方便。可是,离家远了,婆婆和弟弟怎么办哪?

最难的要算婆婆了。已经七十岁的人了,还戴着一顶资本家的帽子，天天要去扫街。婆婆是一个坚强的人，她暗自下定决心，无论如何也要支撑住这个家，首先在精神上不能垮，再就是身体也不能垮。她知道，这是她一生中最难过的日子。小时候，因为家里贫穷，日子确实很苦，但那只是缺吃少穿。现在，主要是精神上苦。这种精神上的苦，和生活上的苦相比，更要苦多少倍。那种生活上的苦，只是一种肉体上的折磨，精神上的苦，却折磨得心痛。自己戴资本家的帽子，天天扫街，她早已不觉得怎么样了，最让她揪心的是儿女们。儿子、媳妇被抓起来，说是特务，孙子、孙女散在各地。大女儿被隔离审查，说是胡风分子、漏网右派，大女婿也被隔离审查，说是国民党。小女儿在南京市文联，机关已经被砸烂，人还能有好吗？但是，她心里有数，无论是她自己，还是孩子们，都没有做过任何坏事，都是光做好事了。苍天在上，苍天有眼，总会让好人得到好报的吧。因此，她抱定这样一个信念：等着，盼着，活着……

罗晋和婆婆，一老一小，相依为命。老人无论多累，她也得强撑着做饭，罗晋得吃呀。老人就是自己不想吃，她也得做给罗晋吃。

罗晋非常聪明，也非常懂事。婆婆无论做什么饭，他都说好吃，叫婆婆高兴。婆婆高兴的事太少了，他必须要让婆婆高兴。婆婆最希望罗晋好好学习，罗晋在班上学习认真努力，成绩最好。可是初中毕业了，他却不能上高中，到德胜门街道工厂当工人。那里都是老太太，都把罗晋当成宝贝。罗晋对婆婆说：

"爷爷是无线电的官,爸爸是无线电工程师,哥哥和姐姐也都是做无线电方面的事,我现在当工人,还要自学,将来也搞无线电。"

"常言说得好,有志者事竟成。"婆婆说,"罗晋,你有这个志气,就一定能实现自己的理想。好孩子,努力吧!"

罗晋第一次领了工资,高高兴兴地回到家里,全部交给了婆婆,说:

"婆婆,从今以后,我们可以独立生活了。"

婆婆接过罗晋的工资,手有些颤抖,嘴角也有些抽搐,说:

"罗晋,你长大了……"

老人没再说下去,泪却流了下来。她忙转过身擦拭眼泪,然后就去做饭了。她今天特意多做了一个菜,是罗晋最喜欢吃的白菜炒肉丝。

罗沛霖虽然被隔离审查,也只批判过两次,规模都不大。主要是写材料,有自己的检查交代,也有给别人写的证明。空闲时间,他通读了《毛泽东选集》。以前,他只是读过二三十篇。这次,他不仅全部读过,《在延安文艺座谈会上的讲话》一篇,还读了多遍。他对毛泽东关于哲学的几篇著作,格外有兴趣。他认为,像《实践论》《矛盾论》《中国革命战争的战略问题》《人的正确思想是从哪里来的》,都很精辟。通读《毛泽东选集》,罗沛霖了解了许多历史上的细节,也懂得了党的许多政策。

杨敏如在被隔离审查期间,除了写交代材料,就是参加劳动。被隔离审查的有那么多人,杨敏如的脸皮也厚了,日子还不觉难过,只是想念家人。就这样过了十一个月,杨敏如被批斗了一次,看样子是要解放她了。这时,四机部来了两个人,其中有一名军人,他们是来找杨敏如的。军人说:

"听说你的问题已经审查清楚,就要解放了。我来问你:你是想跟罗沛霖划清界限呢,还是想和他同归于尽?"

杨敏如听了,大吃一惊。她还以为罗沛霖已经没事回家了,怎么问题这么严重。于是,她哭了起来。军人喝道:

"哭什么?形势大好。"

杨敏如擦了眼泪,说:

"我既不想和罗沛霖同归于尽,也不想和他划清界限。他到底有什么问题?"

军人一时支支吾吾,也说不出什么,只是进行讽刺,说罗沛霖是洋博士,混入革命队伍等。杨敏如听到这些,觉得很不是滋味,几乎忘了罗沛霖再三嘱咐的话,她说:

"同志,我对'最可爱的人'一向敬重,你这么讽刺挖苦,可太令我失望了。"

军人一听,立时脸红了,他有些恼怒,厉声说:

"罗沛霖是什么人,我还不能讽刺吗?为什么他在上海交大毕业后,去广西当国民党军官?"

"这我知道。"杨敏如说,"他是为了逃婚……"

"不许你扯别的。"军人打断杨敏如的话说,"要讲政治上的原因。罗沛霖离开延安到重庆,中间遇上麻烦,怎么逃脱的？"

"这我也知道。"杨敏如说。

"你怎么知道罗沛霖对你讲的是实话？"军人说,"今天晚上,你要揭发他,写一夜。如果不老实,明天就别打算解放了。"

杨敏如回到宿舍,一夜未眠。她想,罗沛霖脾气性格,是那样倔强,不知怎样挨过这样长时间的隔离审查。但有一条她还是放心,就是罗沛霖一定不会自杀。现在,她牢记罗沛霖的嘱咐,不能和群众对立,因此,四机部要的材料,她还是要写。但是她认为罗沛霖没有问题,写什么？她只好把罗沛霖的经历,分条写出来。她写了近百条,第二天早晨交上去。学生连长见了杨敏如,斥责说：

"你这是什么揭发？纯粹是在美化罗沛霖。"

但杨敏如还是被解放了。她回到家里,实在难过。罗沛霖没在家,他们已经十一个月不见了。母亲见了她,第一句话便说：

"你以后听毛主席的话吧。"

杨敏如听了,不免感到委屈,心想：我几时不听毛主席的话了？她不便和母亲争辩,母亲这样说,也是出于好意。何况,她的处境仍然不好,名义上虽然不再被隔离审查,实际上还是不能回家。她只有一个星期的假,就要去山西临汾北师大分校劳动,离家就更远了。为了给家里多留些钱,杨敏如什么也不买,带上被隔离审查时的行李就上路了。

在杨敏如去干校不久,罗沛霖也被解除隔离审查。但是,他的问题还不算完事,组织生活仍然没有恢复。过了几个月,

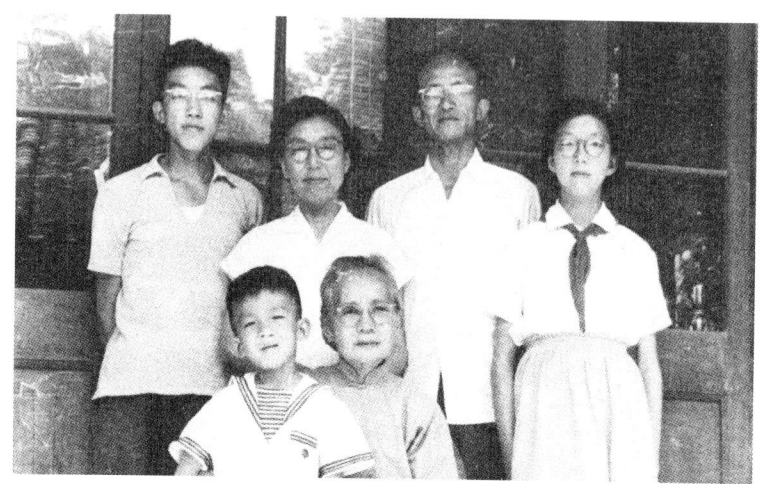

20世纪60年代初一家六口合影

林彪发布一号令,罗沛霖被下放到河南叶县干校劳动。临行前,他给杨敏如拍了一个电报,想让杨敏如回京见上一面。但是杨敏如在干校是被监督改造,不便回京。她给罗沛霖回了电报,电文写了一句毛主席语录:要斗私批修。

罗沛霖去干校四个月后,被宣布解放,他的日子要比杨敏如好过得多。他帮厨,做电工,闲时还做些木工活,做收花生用的耙子,给同事们打制小板凳。他经常写信给杨敏如,还给杨敏如寄收音机和书籍。

1971年,杨敏如所在的北师大临汾分校忽然宣布:凡在这里住满二年者,可以回京。杨敏如听后,高兴极了。她不像有些人那样,明明想急于回京,却还要装假,表示非要在农村待一辈子不可。杨敏如则明确表示,她要回家。

杨敏如到家看见母亲黄瘦，身体有病，于是找了老同学给母亲检查了身体。经过慢慢调理，母亲渐渐恢复了健康。罗沛霖还在河南干校，虽然解放，却仍然未恢复组织生活。罗晏在陕西武功，那里没有无线电方面的工作，她一个人住在贫农家里接受社会主义教育，她不想在那里教书，去唯一的电站要走很远的路。这令杨敏如很不放心，她想来想去也没有办法改变女儿的环境，便到李锐家求助。她不敢请求李锐帮助把女儿调回北京，只是说可不可能换一换工作。李锐当即写了一封信，叫罗晏到宝鸡去找四机部一家工厂的厂长。杨敏如看到信上写着，罗沛霖已解放，并恢复组织生活，便赶紧对李锐说：

"这不是事实吧？"

"要这么写。"李锐说，"老罗有什么事？没问题的。"

李锐的话，让杨敏如放宽了心。不久，干校让罗沛霖回家过春节，他和杨敏如分别已三年半，屈指算来，他们自从相识，虽然分别多次，也只有这次时间最长。1937年7月分别那次，到1940年夏天在重庆见面，也仅三年时间，但那毕竟是战争年代，关山阻隔，是非常时期，可以理解。1948年9月分别，罗沛霖去美国留学，也仅两年时间，因为路途遥远，越洋跨海，非常不便。而这次分别，则是在和平岁月，有时他们还近在咫尺，却不能见上一面，哪怕是说上几句话，甚或是相互默默地望一眼也好。唉，三年半的分别，毕竟已经过去，他们终于又见面了，自然非常高兴。但是，罗沛霖的组织生活还没有恢复，过了春节，他还要回到干校去。杨敏如记起李锐说的话，罗沛霖没有什么事，于是她便鼓励罗沛霖去问一问恢复组织生活的问题。罗沛霖尽管发怵，但因为事关政治生命，他还是硬着头皮去部里问了干校校长。

"怎么，你的组织生活还没有恢复吗？"校长显出一副惊讶的样子说，"该恢复了，回去就给你办。"

1972年初，过完春节，罗沛霖回到河南干校后便恢复了组织生活。4月，他被调回四机部。在干校，他先后帮厨三个月，做电工三个月，种了两茬稻子、两茬麦子。

第八章
宏　图

电子数字化

　　1972年，四机部恢复了建制，王诤回来继续担任部长。罗沛霖由干校才回来时，担任科学技术组副组长，这时也转任科技局副局长。由于电子工业管理没有按专业分工，科学技术局就负责全面的具体技术发展和技术管理工作。

　　20世纪70年代初是电子技术与应用的一个重要转折点。由半导体晶体管派生的集成电路开始进入应用阶段。每片集成近万个晶体管的集成电路已经制造出来，四位微处理器也已经出现。这就为电子技术的数字化时代来临准备了条件。

　　还是在60年代，罗沛霖就把集成电路提上日程，倡议并主持了全国电子工业的微型化会议，大大促进了数字化和微电子发展的进程。虽然和世界发达国家水平相差甚远，但数字化毕竟是有了一个可喜的开端。

早在新中国成立初期，为发展经济、巩固国防、发展新技术，为原子弹、导弹和卫星服务，解决原子能研究、飞机、火箭的研制，气象、资源勘测、数理研究、重大工程设计中存在的大量的复杂计算任务，迫切需要先进的计算工具。1956年制定科学技术发展规划的时候，电子计算机被列为重点项目，由华罗庚起草了《紧急措施》。国家决定集中科研部门、工业部门和国防部门的力量，研制中国第一台电子计算机。

第一台电子计算机是1957年开始研制的，第二年6月就研制出来了。研制任务和生产相结合，由中国科学院和北京有线电厂的技术人员共同完成。自此，中国能够自主研制和生产电子管计算机、晶体管计算机和小规模集成电路计算机。更重要也更可贵的是，培养了一支计算机技术队伍，锻炼了自主研制开发能力，使工厂掌握了计算机工业化生产工艺、测试、调试及质量保证技术，为形成中国自己的计算机工业奠定了基础。

但是，这些计算机都是为特定工程服务的，还不能满足多方面的需求。而且，因为不是通用产品系列，也就不能形成批量生产。因此，如何面向用户，面向生产，把科研与生产更紧密地结合起来，成为中国计算机工业发展的关键性任务。在罗沛霖的支持下，科技局的科技发展处组织了一个调查组，走访了全国许多生产、科研、使用和教学单位。然后，科技处草拟了一个关于发展中国电子计算机产业的报告，经罗沛霖做了补充修改，报到部领导。经部领导认可后，由罗沛霖和计划司副司长姚太林共同主持召开会议，参与的除了国防科委第十研究院和中国科学院的研究所、四机部的几个工厂、上海市的工厂等，还有北京大学、南京大学、西安交大等几个院校。在会上，部署了大型机和中型机两个系列的联合设计。

大型机是第一重点。成立了一个联合设计领导小组，由已复任四机部副部长的刘寅任组长，罗沛霖任副组长，主持日常工作。国防科委第十研究院第十五研究所作为主办单位，联合全国十多个单位共同设计。后来成为中国工程院院士的陈力为首任总设计师，首先是集中了各单位技术力量二十多人，住在四机部白塔寺招待所讨论总体方案。在"文化大革命"影响之下，各单位分散化倾向很强，各自又都做过较完整的工作，各有特点，各有特长，讨论中难免言词龃龉。如何能产生一个统一的总体方案，确实不是容易的事。但是，像这个在其他单位要花十个月上下才能议出的总体方案，竟然在三个月不到的时间内形成了。

"这是个奇迹！"有人这样赞誉。

罗沛霖总结，参与设计的同志都是对计算机有很高造诣的，而且在"文化大革命"中，因为混乱，有劲使不上，憋着一口气要做出成就，这就给工作打下了最好的基础。当然，引导还是关键。罗沛霖具有在技术总体工作上的素养和洞察力，以及电子计算机的关键具体知识。因此，他和参加工作的专家们有共同的语言，相互讨论。他充分运用这一条件，依靠有力的助手，依靠得力的总设计师开展工作。他还反复与专家恳谈：首先是团结一致为了一个共同的目标，开辟中国计算机事业发展的一个新阶段。大家都是各单位依靠的专家，造诣很深，各有自己的见解，带来自己的特色技术。但是，一定要放在总体中考虑，要尽最大可能吸收各家的优秀技术。有的很优秀的技术，作为个体是很好的，而组合到总体中却不如次好的技术更适当。因此，在这种情况下必须勇于放弃。一个主见总会有优点有弱点，应当多去考虑别人见解中自称的优点是否真有道理，也应当多去考虑别人指出自己见解中的弱点是否真有道理。罗沛霖对专家彼此之间偶然发生的闲言碎语，虽听到些反映，却并不去追问，而尽力用共同的目标去增强团结。于是，工作开展一段以后，那些闲言碎语也就都不再出现了。

系列机设计的主持者是清华大学计算机系，参加的有北京、上海、天津等地工厂。滕藤在清华大学主持科学研究，他向罗沛霖通报情况：由于软件力量还弱，暂时还吃不透它。因此，属于基本的、关键性的"指令集"，可能只好照抄，希望能同意。这当然是冒着"爬行主义"帽子的风险，罗沛霖果断地承担了这个风险，使设计试制工作得以顺利进行。这个系列用了一年多的时间就完成了，两三年内就生产了近千台。以前每种型号只生产几台几十台，现在生产近千台，自然是个飞跃，在推广计算机应用上，起了划时代的作用。

数字化时代的物质基础，关键在于半导体集成电路。两个系列的计算机的试制,是和相应的集成电路平行进行的,因此也就带动了数字型的集成电路生产前进了一大步。罗沛霖在系列机设计研制过程中,考虑到一个课题,逻辑运算方法已有很大进展,何以还要按笔算方法用进位步骤实现加法?既然两个相加数的每个位的值已知,应当就能直接判断和的每个位的值。他以此创造了直接逻辑判决的多位二进加法器,先经过一个逻辑"乘"再经过一个逻辑"加",两个门延迟,达到理论最高速度,并给出较易实现而速度略慢的方案。后来在《计算机技术》杂志上发表了他在计算技术方面的独创性的论文《直接及亚直接判决逻辑的多位加法器,或无进位链的加法器》,探讨了加法逻辑速度的理论极限。后与王攻本合作,充实了内容,在《中国科学》发表了《超高速二进多位加法硬件算法》的论文。接着,又写了有关高速乘法器的论文,获得国家自然科学基金的资助,以期在高清晰度电视图像的实时压缩方面应用。

视听万里

在罗沛霖的支持下,许多电子新技术得到发展。

在使用电子技术进行侦察测定的设施中,雷达可称为千里眼。罗沛霖曾为之付出心血的超远程雷达,终于在70年代制成。在检测那个威胁世界的核动力卫星陨落时,它第一个正确地测定了卫星的落点。在1977年,罗沛霖飞赴云南,参加超远程雷达的验收典礼。他怀着无比喜悦的心情,在直径几十米,相当于十二层楼高的球形罩里瞻望巨大天线碗的雄姿，细看那些贯注了成百上千技术人员巧思妙算的雷达主机和数据处理设备，想念当时的主持设计者和完成这一任务的专家。在客观的无端干扰中，这个雷达浸渍了两代人的脑汁。罗沛霖发现的雷达检测中优化取样数的理论，外国人也公开发表出来，称之为"负向积累损耗"现象。

在70年代初，微电子还处于很初级的阶段，一般的，特别是车载雷达还不能装入像超远程雷达所用的信息处理计算机。对于这些雷达，只能用最小巧的方法解决最需解决的处理问题，这就是消除静止目标的问题。用雷达来侦察飞机，特别是当指向低空时，地面上建筑物和自然障碍物的回波和飞机的回波，都一齐反射出来，显示在屏幕上，必然是一片模糊。但是如果把一次脉冲的回波，减去前一个脉冲的回波，那么静物的回波就被消除了。而飞行目标因为是在运动中，第二次回波与第一次回波有差别，相减以后一定还剩下大部分。实现这种"动目标认定"的传统方法，是用一个延迟线放在电路中，使两次回波相减。但是，要变动脉冲体制或做其他变动，这就不太好办了。在这个"比特"时代，用数字化的办法，可以达到更好的效果，而且可以在变动体制时迅速适应。当技术人员提出这种想法时，罗沛霖立刻予以支持，组成了产、学、研、用相结合的攻关组，并亲自主持论证、汇报的会议，提出技术上的建议。果然，不到一年的时间，就制成了数字对消的动目标认定器，并很快为用户所欢迎，得到推广。这种目标认定器的研制成功，也带动了半导体和集成电路取得进步。

同样,对于微光摄像、红外摄像、像增强器、热像仪等侦察和工业使用的复杂仪器,也都得到罗沛霖的热情支持,不断获得发展。

电视是又一种更为形象化的千里眼。它在工商业和军事方面都有重大的用途,而作为广播媒介,在中国更显示了它的威力。它是丰富绚丽的文化娱乐工具,而娱乐中就有教育,并且电视也有直接用于教育和传播知识、传播政治的功能。到90年代,全国几乎百分之九十的家庭都有了电视机,这使得除了很荒僻的地区以外的人,都可以从电视学到知识,学到现代化,看到世界,看到未来。中国的学校教育还远远比不上发达国家那样普及,甚至还有不少的文盲,然而人们的文化水平和政府的政令发布效果,相对来说,还是不错的。电视和广播立下了不朽的功勋。

但在70年代初期,中国彩色电视机还没有生产,而黑白电视机还是电子管型的,不仅耗电大,可靠性也不高。于是,半导体晶体管化的任务提到日程上来,也只有实现晶体管化才是步入集成时代的捷径。罗沛霖是这一划时代工作的倡导者和支持者,并起了指导作用。这项工作依靠了四机部的电视电声研究所,由其总工程师邱绪环负责具体技术,集结了北京、上海、天津等地若干工厂参加,组成联合设计。不到一年时间,晶体管化的黑白电视机就研制出来了。这项工作的完成,开拓了电视机普及的一个新阶段。北京市电子工业负责人估计,这也把电视机的半导体化提前了一年半。

1988年在北京市西城区少年科技官

过去说广播是顺风耳,电信也是顺风耳,现在又有了新的发展。因为电信在走向多媒体,既传递声音(电话)、电码、数据,也要传递图像,还可用于遥测、遥控、遥令。六七十年代出现了新的通信传输手段,使通信技术产生了一次飞跃,这就是卫星通信和光纤传输。

卫星通信有几种方式。60年代末以来最主要也很实用的是地球静止卫星,也称地球同步卫星。把转发用的接收机和发射机装在人造地球卫星上,发射到赤道上空35786公里的高度,它围绕地球旋转的角速度就恰好和地球自转的角速度相同。因此,称之为同步卫星。这时从卫星下边的地面看卫星,则感觉它是静止的,这是相对地球来说,因此又叫地球静止卫星。在这个卫星覆盖范围的大面积的地面上,就可安装发射机和接收机,利用卫星的转发器,进行无线电通信或无线电广播。这种传输方式可以覆盖很大的面积,不受地物、地貌、天气、电离层和大气扰动的影响。当然每颗卫星承担的业务量也是有一定限度的，而且因为它的轨道在地球上空，北极、南极有九百多公里半径的地区覆盖不到。罗沛霖从干校回来时，由四机部负责，已经在进行这项十分复杂的系统中的通信设备部分，采用的是较先进的数字体制。到1974年，由王诤推动，又部署了国际通用的卫星通信系统。罗沛霖积极支持并参与了这两项工作。这又是一个联合攻关的任务。1976年9月，在各项工作进行到一定程度后，罗沛霖来到贵州都匀主持了第一次的协调会议，顺利地完成了这一任务。

光导纤维通信简称光纤通信，属于"有线"通信的一种，

1978年5月罗沛霖（中）率中国电子学会赴美考察

1979年罗沛霖（右二）率中国电子学会赴美旧金山参加国际电气电子工程师协会年会

但不是用电信号而是用光信号，不是用导线而是用透光材料的纤维。在1972年，国际上对于导光材料还没有定论时，四机部科学技术局已经部署这项先导性的工作。1974年罗沛霖提出请国家科委协助，联合中国科学院和四机部各所、各院校一起攻关。这时国际上方向也较明确，四机部指定由所属第十九研究院负总责。罗沛霖继续参与这项工作，在桂林召开了本部系统和科学院的第一次会议。以后又由中国电子学会召开了第一次全国光纤通信会议。许多光纤领域与会的技术工作者深受鼓舞，一直记着罗沛霖引路人的作用。

　　罗沛霖对新技术敏感、热忱，对许多新技术的发展都起了促进作用。在试制彩色电视显像管结构工艺决策方面，在克服计算机外部设备这个薄弱环节方面，他都有显著贡献。1976年全国外部设备试制生产会议，就是以他主持制定的技术发展规划为基础的，起了开创性的作用。在"文化大革命"后期，重新开展微电子工作，他是关键的促进人物。1974年召开全国大规模集成电路会战的会议，也是他主持做了准备工作。由于他了解的情况超越了一个部主管所及的范围，集拢了全国各部门有特长的专家参加，使会议开得圆满、成功。关于雷达新技术方面的多站定位、无源侦测定位等，他都做了启动性的工作。

迷幻的信息

从20世纪初开始，电子技术及其应用不断增添新事物，涉及范围不断扩展。这个趋向，始终没有丝毫减弱。加之以计算机与通信的系统集成日益发展，电子技术的各个重要分支又形成了若干专业。在30年代，有关的主要书刊不过百种，现在则是成千上万。没有一个技术人员能够全面深入地了解各个专业，因而出现了各方面专业专精的专家。但是在七八十年代，还是需要有人高瞻远瞩，对电子技术做出覆盖全面的评论，以便指引方向。这在"文化大革命"后重整科技发展的旗鼓，尤其有着迫切的要求。对于这个任务，罗沛霖又显示了他的优势。他历任国家科委电子、无线电、计算机等专业组的领导成员。1974年，他以驻会主要技术负责人身份，参加了电子专业规划组召开的三结合规划座谈会。围绕这些工作，他坚持不懈地了解新事物，吸取新知识，认真消化、思考，提出自己的见解。

一想到电子、信息与信号这奇妙有趣的世界，罗沛霖就感到兴奋，进入一种忘我的境界。有感于一些学术讨论的盛况，

在一种情绪的促动下,他写下这样一首诗歌:

> 据说宇宙有一次大爆炸
> 发生在成百亿年的远古时期
> 碎屑又重新组合起来了
> 形成可数的又数不清的星系
> 又说是宇宙中存在着
> 物质弥散的天空
> 还集结成一团团一块块
> 结束混沌溟蒙
> 神话一般的
> 美丽的科学遐想
> 给我们带来的知识
> 是多么辽阔、灿烂和迷茫
> 然而眼前展现的是
> 依然遗留有混乱的世界
> 里面却隐然地
> 存在着规律、队列
> 物质的反过程是
> 从无序再转向有序
> 认识的过程是
> 反复地扩展和深入
> 在嘈杂的干扰中

湮没着规律性、信息
人们要从干扰里面
求索、确定、扬弃
人世间又重新地
制造着信息的迷幻
把它们理出来、理出来
促进客观世界改换
人们在世世代代里
使出坚韧不拔的努力
在追寻、在追寻
在无限的长河里追寻真理
我们探索着的手段
不断地深入、扩张
奇迹般的是注定永增的熵
被不断地吸收为更小的熵
来吧！来吧
汇合在一起的巨大人群
在认真的讨论里出现
亲切、和谐而热烈的气氛
我们带来四方的知识
是多么丰富和多样
让它们重新凝聚起来
汇成汹涌奔放的大河长江

罗沛霖在美丽、奇妙、诗意的科学理想中，畅想着未来新的世纪，电子学的发展前景。

1982年，罗沛霖离开了行政管理的岗位，但却继续担任四机部科学技术委员会副主任。四机部改为电子工业部，他的这个职务仍然未变，直到1986年以后，才改任荣誉委员。这些都不是行政管理性质的职务，只起咨询作用。摆脱了繁杂的行政事务，罗沛霖有了较多的时间，对他早在"文化大革命"前就已经开始思考的新的产业革命——信息化产业革命的基本概念，进行延伸和深入。他在中国电子学会第三届年会上，所做的《电子和现代信息产业九十九年》的主旨报告，提出了"信息爆炸"，必将走向暂命名为"泛通播系统"的出现，粗略地勾画了信息产业技术大发展的面貌。这实际上就是以后美国提出的"全国信息基础结构"，即俗称的"信息高速公路"。罗沛霖还相继参加了"第三次浪潮"的讨论，新一代计算机与人工智能的讨论，思维科学的讨论，主持了中国科学院关于发展电子计算机的咨询工作，他的关于新产业革命的观念逐步完整起来。

1990年3月，罗沛霖在为《中国电子报》写的《前景广阔的电子文化信息系统》中，明确地把电子和文化运作紧密地联系起来。

1991年，他的论文《跨进21世纪的先进文化信息系统》发表于《中国科技论坛》，完整地提出电子信息产业技术革命，是17世纪产业革命中的技术革命的继续和大幅度的深入或新阶段。这个技术革命不但使物质生产力倍增，而且正在使精神生产力倍增；明确指出跨入21世纪的先进文化信息技术系统的前景概

1990年年近九旬的罗沛霖在使用电脑

念,这是在印刷机出现以后,又一次同等重要的文化信息产业技术革命。

1993年,罗沛霖为《经济与信息》杂志写了《跨三个世纪的文化产业革命》。在这篇文章中,具体形成在文化运作发展史上有四个伟大里程碑的概念:语言形成体系、文字的出现、基于印刷术的印刷机的广泛应用、电子信息技术的高速度发展。

接着,罗沛霖连续写了《关于电子技术革命跨世纪时期的形势》《科学技术环节的选择》以及《产业革命、文化产业革命和消费电子》等论文。尤其他对文化产业革命与电子信息技术关系问题的独到见解,更引起国际同行的注意。他的论文《电

1993年10月罗沛霖赴云南大学讲学：产业革命、文化产业革命和电子信息技术革命

子：文化事业发展的革命因素》，被国际电气及电子工程师学会在美国圣地亚哥召开的远程信息系统学术会议录用，并安排罗沛霖在综合组作第一发言。为此，罗沛霖虽已年过八旬，却精神饱满地飞向太平洋彼岸，在国际学术会议上宣读他的论文。

1995年，中国工程院召开第二次院士大会时，罗沛霖提出论文《对当代新产业革命的再探讨》。在这篇论文中，他完整地陈述了新产业革命对经济与生产领域和文化运作领域两个方面的作用，在四个里程碑的概念基础上引出：中古以来文化产出的发展速度，超过物质产出发展速度，但直至现在，在整个社会产出中，文化产出还是较少的"一半"。然而，在电子信息技术的高速发展的推动下，文化产出在以更高的速度发展。尽管物质产出永远是基本和第一位的，文化产出的规模早晚要超过物质产出，文化产业将成为经济发展的主要牵引力。就这个创新性的重要论点，《光明日报》理论版在1996年5月作了专访报道。

罗沛霖给报刊写文章，在大学讲课，为省市做学术报告，宣传文化领域的信息化将是经济发展的牵引力这一观点。他生动地向人们描述着先进文化信息技术系统的服务项目：

各种文艺节目：这种节目可以是现场直播的，也可以是信息库存储下来供随时调用的。可以不受节目表、频道数和时间的限制。可以是名演员、名演奏家某次历史上有名的演出。不出家门就可以享受到电子剧场、电子音乐厅、电子影院等的现场效果。

旅游参观节目：由艺术家、学者编制的名山大川、古迹遗址、纪念建筑的电视节目，它配有按路径漫游的说明和景物的配音介绍，如同亲临其境。可以提供博物馆、画廊或是著名的收藏场所的节目，也可以提供参观展览会或运动会的节目。这些节目可以是当时的，也可以是过去的记录。

电子教育与远程教育：这种教育不仅是业余的，而且还能代替相当部分的正规学校教育。远程电视教育将是交互式的，即学生提问，老师回答的师生讨论形式。课程种类繁多，有不同的教材和教师，学生可以任选。课时也是灵活的，学生可以任定。学习文化，发展文化，学习知识，扩大知识，将是人们终生的乐趣。

电子与远程的图书馆、档案馆、资料馆：可以在家中或办公

1993年罗沛霖参加青年学者科学和工程计算学术讨论会并做报告

室,可以在行动中调阅各种书籍,不受自己藏书的限制,甚至可以在边远地区向某一著名图书馆调阅图书。可以在屏幕上阅看,也可以用自备的录像设施录存,或用家庭印刷设备印下来。

电视会见,远程计算和本地计算及超高速计算机网络,文学、科技写作和美术、艺术创作,电子印刷出版和发行,电子医疗和保健,电子、电视游戏,科学实验和学术活动,等等。

这样的系统建成以后,当然也可以用于经济生活中。人们办公、办事可以足不出户。这样既可以减轻交通拥塞,减少能源消耗,也可以解决职工两地分居及兼顾子女问题。个人减少旅途劳累,节约时间与费用,转而增加文化、教育和娱乐的时间。社会上的许多经济活动,国家经济规划调度,各部门的经营管理，企业间一切经济交往，银行与金融业务，企事业管理等，都可以通过这个系统进行。除此以外，还可以考虑国防部分需求，以及生产遥控作业要求……

实际上文化享用方面，每个享用者也可以是供应者。超高速的信息基础结构，将主要为新的文化信息服务所占用。罗沛霖强调，尽管文化运作手段将有很大进步，但只有健康进步的文化信息内容，才能推动人类文化的进步。罗沛霖说他预见到未来社会这一部分具体现象，比许多未来学家所描绘的未必就丰富很多。他特别强调的是，把信息化产业革命和文化联系在一起。他指出，语言走向完备，文字形成体系，印刷机的出现，电子技术的应用，是文化运作发展史中的四个伟大的里程碑；文化运作领域的新产业革命，最后将引向文化发展成为经济发展牵引力的时代。

第九章
晚　晴

科技使者

一天，罗沛霖接到一个电话，对方是用英文，说要找罗沛霖。罗沛霖便也用英文询问对方是哪位，对方说他是罗沛霖的朋友，住在香格里拉饭店，希望能够见面。罗沛霖自然答应，于是约定了时间，就在当天晚上。

罗沛霖挂上电话后，接着便往师范大学给杨敏如打了电话，让杨敏如下午下班以后，先不要回家，直接去香格里拉饭店，看望外国朋友。杨敏如也来不及换件新的干净的衣服，便按照罗沛霖指定的时间到了香格里拉饭店。罗沛霖已经在那里等着她了，她问罗沛霖：

"是看哪位外国朋友？你看，我就穿着这身衣服，还沾着粉笔面呢。"

"电话里只说是我的朋友。"罗沛霖说，"走吧，一见面就知道了。"

原来这位外国朋友是萨凡特，他带着夫人来中国考察访问。

"萨凡特先生，您好！"罗沛霖紧紧地握着萨凡特的手说。

"您好，罗先生。"萨凡特说，"谢谢您，三十多年没见面了，您还能认识我。"

"我们的友谊长在，是永远也不会泯灭的。"罗沛霖说。

接着，他们各自介绍了自己的夫人，四个人便坐在一起谈了起来。罗沛霖告诉萨凡特，儿子罗晋不久要到美国去学习和工作。萨凡特高兴地说：

"好，好。告诉他，美国有个萨凡特叔叔，有什么困难找我，我包下了。"

他们的谈话，亲切，热诚。罗沛霖和杨敏如邀请萨凡特夫妇到家中做客，萨凡特告诉他们，已买好第二天的机票，没时间了，等再来中国，一定去家中拜访，并邀请罗沛霖夫妇到美国去。

在此之前，罗沛霖已经去过几次美国了，只是不知道萨凡特在哪里，也就没有机会见面。还是在1977年，以美国为基地的国际电气电子工程师学会派学术访问团第一次来中国，由中国电子学会接待。第二年春天，作为回访，中国电子学会派出了以孙俊人为团长的代表团，罗沛霖作为主要成员之一参加了这个访问团,随团访问了旧金山、蒙特瑞、洛杉矶、波士顿和纽约等城市。罗沛霖还带两名从大学来的青年教师访问了加州理工学院,皮克令到沙特去了,没有见到,索伦森已于十二年前去世……只见到了麦克肯,他本来是电力专业的教授,后来兼教自动控制。目前正在研究视神经信息,用新取下的蛙眼做实验,植入二百五十六个电极,观察它对光的反应。麦克肯向罗沛霖他们介绍了自己的研究工作,并带他们去看了本科生实验室。罗沛霖看到这里非常强调自己动手,这和50年代苏式实验课差别很大。

1978年秋天,国际电气电子工程师学会第二次派团访问中国。罗沛霖作为主要人员陪同访问了南京、上海、杭州、广州。这次来的都是美国的计算机高级专家,罗沛霖除了组织各地有关专家进行交流,个人也通过交流学术和他们建立了友谊。第二年,罗沛霖应国际电气电子工程师学会的邀请,前去介绍中国电子科学技术的进展。同时率中国电子学会访问团第二次前往,部分人员参加了电子计算机系统学术讨论会。这次又带回来国际电气电子工程师学会在中国吸收会员和成立分部的计划。国际电气电子工程师学会,是由无线电工程师学会和美国电工学会在60年代合并成立的世界最大的专业学会,拥有各种会员30万人,分学会近40个,出版高水平期刊近百种。这个学会,从1973年就来函要求与中国电子学会联系,并在中国吸收会员,成立分部(分会)。但直到1984年,一切条件才算成熟。罗沛霖联系了几个有关学会,主持编译成了约80个高级会员的名单和申请表格，还有若干特级会员（会士）候选人的申请材料。趁作为中国科协的代表，与全国科协书记王顺桐一起到美国亚特兰大出席中国古科技成就展览会开幕式之际，罗沛霖抽两天时间到纽约国际电气电子工程师学会总部，和总部负责人赫尔茨商谈中国工程师入会，成立北京分部（分会），并办理具体手续。80个会员立即被接受了。

"特级会员，要由选举委员会选举。"赫尔茨说，"而且，还有一点，就是只有具有五年以上会龄的会员才能当选。"

"中国肯定有若干名符合特级会员条件的人才。"罗沛霖说，"因为新中国建立以来，已有了几十年建设和发展电工和电子科学技术人员。"

1985年国际电气电子工程师学会北京分部成立

赫尔茨答允，他要向12月召开的代表会提出，对新建的分部（分会），在几年之内免除这一要求。

这年12月，在国际电气电子工程师学会代表会上，赫尔茨关于吸收中国特级会员（会士）以及成立北京分部（分会）的意见，都得到了批准。

于是在1985年7月，在北京科学会堂召开了国际电气电子工程师学会北京分部（分会）成立大会，罗沛霖当选为第一任主席。国际电气电子工程师学会会长埃尔登、总经理（秘书长）赫尔茨、学术活动理事恩格尔曼等，都前来参加并表示祝贺。罗沛霖被授予国际电气电子工程师学会建会一百周年勋章。

国际电气电子工程师学会北京分部，代表了除台、港、澳以外的全部中国领域。罗沛霖和高景德被选举为北京分部范围内第一批特级会员（会士）。

1980年，罗沛霖作为中美科学技术合作委员会的中方委员，与美方洽谈，促成了中美微电子制造技术讨论会的举行，主持了组织工作的谈判，审查了中方的论文准备。并于1981年随同中方主席方毅参加在美国举行的双方会议。同年，罗沛霖又参加了联合国发展总署在荷兰召开的发展中国家采用新技术研讨会。1983年，罗沛霖在光导国际学术会议上发言，提出当今电子技术中，光导纤维、光盘（激光唱片等）和微处理器是三个重大新事物。他在1987年访问美国时，会晤了人工神经网络的学术权威霍普费尔德和密德。回国后便推动这项学术活动，促成中国十五个一级学会成立了神经网络学术委员会联合体。

1990年在北京召开国际信号处理学术会议，罗沛霖担任大会主席。在1991年召开了第一届全国神经网络学术会议，罗沛霖担任了会议主席。这次会议虽是第一届，到会竟有四百余人，选读论文一百五十篇。从此，这个新学科在全国蓬勃发展起来。在罗沛霖倡议下，1993年召开了全国多媒体与高速信息网络大会，他邀请吴佑寿与他共任主席，他还提出了一篇综述性文章作为主题论文。

1987年罗沛霖访问美国，是应国际电气电子工程师学会、惠普公司、微电子与计算机联合体、奥斯汀得克萨斯州立大学、加州理工学院、宾夕法尼亚州立大学的邀请，偕同杨敏如赴美做电子和计算机科学技术在中国的进展的报告，并参加电工荣誉兄弟会向青年工程师授奖的大会。在这次大会的报告中，罗沛霖看到他们已经采用了他在1979年创造的超高速加法逻辑的技术原理。罗沛霖和杨敏如还带着已在美国工作的罗晋，去洛杉矶看望了萨凡特夫妇。萨凡特夫妇热情地招待了他们。

"我这里就是侄儿的家。"萨凡特指着罗晋诚挚地说，"今后你在美国遇到什么困难，就来找我帮助解决好了。当年你爸爸和我一起搞过科研项目，合作得非常愉快，成为终生难忘的好朋友。"

1991年，罗沛霖又赴美国旧金山，参加国际电子制造工艺学术讨论会，并宣读论文。受加州理工学院院长埃尔柏哈特、教授密德及惠普公司副总裁伯思鲍姆等的邀请，在美国进行学术交流。1994年，他去美国圣地亚哥参加远程信息系统学术讨论会，并宣读论文。这次去美国，罗沛霖未能抽出时间去看望萨凡特。后来，他听说萨凡特去世了，不禁感到十分悲痛。这位美国朋友留给罗沛霖的美好印象，是永远也不会泯灭的。

实现心愿

还是在1979年，罗沛霖率中国电子学会代表团访问美国期间，访问了美国的全国科研理事局。这是一个政府办事机构，它的一个重要任务就是组织国家三个科技院，即科学院、工程院和医学院的成员（院士），对国家重要科技问题进行研究、讨论、咨询，并提供所需费用。这时的美国科学院约有1100人。工程院700人，尚在继续增加，目标是1500人。医学院有400人，人数固定，缺一个增加一个。罗沛霖受到启发，思考中国要不要设置工程院。实际上在1956年讨论十二年科技远景规划时，已经接触到技术科学范畴问题。1977年旧事重提，就科技界的认识状态说，基础研究和应用技术以及基本技术还是比较明确的，但对于技术科学是什么，就相当地模糊了。罗沛霖在20世纪80年代初期连续写了几篇文章，在《人民日报》《光明日报》和《自然辩证法》等报刊发表，阐述这个问题。特别是在1984年，发表于《科学学研究》的《从科学技术体系的形成探讨我国科学体系的发展》一文，罗沛霖从对科学技术各个环节的研究，以比较的方法总结了美国、日本、西欧和苏联科学技术发展的经验，指出后进国家地区赶先进必须突出的重点环节。以后又进一步丰富内容，在中国科学院技术科学部大会讲述，列举了科学技术中除基本科学和技术发展以外，还有工程技术、生产准备、生产保持、推广应用、销售服务等更多的重要环节，明确各个环节之间的正反馈送而非单向关系，各有其独立发展的一个侧面，提出尽管往往有科学发现开辟新技术发明与技术发展的新视野，但却是不一定在本国开花结果。在当代中国技术发展和技术应用的工作中，不应当等待自己的科学研究。而事实上并不可能是仅依赖于自己的科学研究，概念上存在的问题一定程度上影响了社会认识和决策工作，损害了经济建设、技术提高的进程。

罗沛霖的这些学术性论证文章，指出中国要重视基本科学还必须更加重视现场技术、基本技术和应用科学的发展。因此，他便把建立中国工程院的事情提了出来。张光斗以及王大珩、张维等也都提出过建立工程院，并已报到中央。但中央对此没有着重研究，遂被搁置。罗沛霖又提出建立工程院，其理由就不只是要借鉴外国经验，更是从科技与经济发展的历史经验和规律，结合中国的实际，说明建立工程院的必要性和迫切性。1986年他倡议并起草了《关于加强对第一线工程技术界的重视的意见》，联合茅以升、钱三强、徐驰、侯祥麟等八十余人，向全国政协委员会提出。以后，每次全国政协开会，罗沛霖和工程技术界的一些人，都提出这个议案。这是罗沛霖的一个心愿，他多么希望尽早实现。也许是他较早倡议，并且后续热心坚持，同志们都推他牵头。这不，起草建议又由他来执笔

1999年中国工程院成立五周年。左起：罗沛霖、王大珩、张光斗、侯祥麟、张维、师昌绪

了。因为是向中央领导呈报，这个建议要尽量写得简短，还要能够说明问题。无论是在内容上，还是文字措辞，他都要很好地筹措一番。

这是1994年春天，一天吃过晚饭，罗沛霖想到院里走一走，呼吸一下晚上清新凉爽的空气，舒展一下筋骨，然后静下心来写《关于早日建立中国工程与技术科学院的建议》。他已经与张光斗、王大珩、师昌绪、张维、侯祥麟商定好，联合署名上报中央领导。

罗沛霖在院里转了一会儿，看着一线银钩月落了下去，他便回到屋里，写起建议来。因为这件事他是经过长期考虑，反复思忖，理由都比较周密充分，写起来还算顺利。在简要介绍了世界各国，特别是发达国家建立科学院和工程院的情况后，他写道：

鉴于我国还是发展中国家，工程技术和技术科学的发展还很不够，产业技术水平还很差，从落实"科学技术是第一生产力"出发，贯彻"服从于经济""服务于经济"的方针，我们建议从速建立中国的工程与技术科学院，以促进社会主义现代化建设。

这个院的中心任务应是为国家、为政府的重大工程和技术科学决策以及技术经济问题提供具有权威性的咨询、论证和评议，对特别重大的工程技术和技术科学成果做鉴定。它理所当然地应超脱部门和地区的局限性。为了完成这样的中心任务，其成员应是经过挑选的属于国家水平的工程科技人才和对工程技术发展有重大贡献者，当然这也应是给当选人员在工程科技方面的最高荣誉。

工程与技术科学院应当是"虚体"，即不管辖任何研究所、学校和工厂。这与现有的科学院学部是一致的，与现在组织无重复和矛盾。它与中国科学院各自独立进行学部委员会的选举，设立各自的主席团和院长，并各自独立决定规章制度、方针政策、工作计划，但两院应组织相互协调。中国科学院仍保留技术科学部，现有技术科学学部委员是工程与技术科学院的当然学部委员。一位专家可以同时当选为两个院的学部委员。

我国工科的现状是分散的，组织起工程与技术科学院，就有利于克服分散现象。

它通过与中国科学院组织联合活动，发挥跨院的学部委员的作用，可以使理科活动和工科技术更密切地结合起来，有益于共同克服"短期效应"对基础性研究发展的冲击。同时，它还是一个纽带，可对理科活动与国家、社会、经济发展之间的密切联系起到中介作用。建立工程与技术科学院，一定会对解决好产业基础结构薄弱、技术与管理水平低、质量差、投产慢等问题起到巨大的推动与改进作用，也可促进科技成果迅速转化为生产力。

在不久前的科学院学部委员增选中，许多产业部门很有成就的专家，以及在科学技术方面做出过重大贡献的工程技术工作者，都未能纳入，也说明了建立工程与技术科学院是极端必要的。

建立工程与技术科学院后，我们就可成为（国际）工程与技术科学院联合委员会的正式成员，从而在加强国际科技与经验交流中得到益处。

罗沛霖一气呵成，写完了这个建议。他想明天早晨起来，再改一遍，就交张光斗、王大珩、师昌绪、张维、侯祥麟，看他们还有什么意见。然后，就呈报党中央和国务院了。

这个建议，终于送到党和国家领导同志手里，经研究，拟请中国科学院院长周光召牵头与有关方面商议办理。

终于，中国工程院这个中国工程与技术科学最权威的机构，在1994年5月正式成立了。这是国家整个工程与技术科学界的一件大事，对于广大从事工程技术和技术科学的科技人员，是一种巨大的激励与鼓舞。

最感到欣慰的,自然是罗沛霖了。建立中国工程院,这是他晚年参与筹划的一件大事,也是他一生中的得意之笔。在1994年5月中国工程院成立大会上,罗沛霖当选成为第一届工程院院士,并被大会选入主席团。

电子世家

每当罗晋从美国回来,罗沛霖一家人便得以团聚。罗晋在"文化大革命"开始时才念了几年小学,举着小红本本度过了初中生活,就被分配到街道工厂里。在那里做电工,因为劳动好,做到维修车间副主任。他经过刻苦学习,考取了大学。毕业后,在北京无线电研究所研制仪器。1985年考入了父亲的母校加州理工学院,获得计算机硕士学位。以后便在坦诺尔科研公司,一家很有特色的企业,从事电子系统和集成电路的研制工作。他已取得"骨干科学家"的职务级别,常回国内交流技术,已在国外成家并育有个男孩罗洵,已经是小学生了。

罗昕是一个很能解决实际问题的电子学专才。在四川青川工作几年以后,去南京做了几年电视应用工作。他现在是中国科学院电子学研究所工程师,仍然从事电子技术与应用的研制工作。他的爱人王衍英,在电子工业部第六研究所当工程师。罗昕育有两个女儿,大女儿学兽医,小女儿入大学选的是电子工程专业。

罗晏在宝鸡蔡家坡大功率电子管厂,成为一个真空高压开关制造工艺的开拓者。她也回到了北京，进入北师大的低能物理研究所，从事离子注入和半导体材料物理实验的研究。她的爱人在北京市电视研究所负责计量工作。

罗沛霖看着几个已经成才的孩子，禁不住涌出一股欣慰之情。他说：

"也许因为你们的爷爷曾是我国最早的电报生，后来又当了北京电话局长，我才在少年时代作为无线电爱好者，并有幸进了上海交大学习电机工程，这决定了我一生的专业。"

罗昕、罗宴、罗晋听后，都笑了，不约而同地说：

"也许因为我们的爸爸是无线电工程师，我国电子工业管理部门的高级专家，我们才从小就爱好这一事业，决定了我们一生的专业。"

"气人。"杨敏如笑了说，"你们都跟爸爸学，就是不跟妈妈学。连你们的孩子，也都爱好无线电了。"

罗昕的女儿、罗晏的儿子，这时赶紧亲切地叫着奶奶，说着安慰的话：

"我们爱好无线电，可是我们也喜欢文学，喜欢诗词呀！"

一家人都爽朗地笑了起来。罗沛霖说：

"当我还是个不懂事的孩子时，就听人说，人应当有一个理想。但是，作为一个经历了旧社会灾难岁月的知识分子，我的理想只有经过曲折艰苦的道路才能实现。现在的青年是多么幸福，有党指引道路，有良好的条件，应该更加珍视自己的一切。一切都要服从远大的目标，这就是为祖国和人民多做贡献。对

2003年90岁

2005年92岁

2007年94岁

具体的专业、岗位应当有自己的设想,但是要通过实践才能确定。它可是专一的,也可是分散的、变动的,不应当是一成不变的。不管选择什么专业,只要能为祖国和人民做出贡献,理想的花朵就会向你开放。"

三个儿女

"听,又是一篇说教。"杨敏如打趣地说。

"这不是说教。"罗沛霖说,"这是具体国情,人生经验之谈。"

"你也应该谈谈教训。"杨敏如也严肃起来,她是指过去的那些政治运动,她还记忆犹新,不能忘记。

"那是时代的局限。"罗沛霖说,"人们还是应该向前看,前景是光明的。"

儿女们在家里不习惯对父母说好听的话,这一家人是很民主的。他们所走的人生道路,不知不觉间,都是以爸爸为榜样。当然,也尊敬妈妈,热爱妈妈。

在这样一个电子世家里,杨敏如虽说是科盲,但丈夫是知音,孩子们是朋友,所以她从不感到孤独。儿女们爱读书,而且阅读范围很广,对文学也很喜欢。她和罗沛霖年轻时就是因为对人生的热爱,对诗词、音乐的爱好,开始走到一起来的。

战火硝烟的考验,"文化大革命"的经历,更增强了他们之间的感情。现在,罗沛霖也不断作些诗词,是有感而作,并不勉强。当然,杨敏如也会帮他做些修改。杨敏如年轻时的词作,在"文化大革命"中烧掉了,仅个别还能寻到。搁笔多年,晚年偶又作句,但她主要还是研究和讲授唐宋词。她在电视台讲授的唐宋词,受到了广大观众的普遍欢迎。她的释析唐宋词的著作,也即将由出版社出版发行了。

一个电子世家,加上一位文学专家,这是一个团结友爱,彼此支持,又能各抒己见,平等讨论一切的家庭。

他们永远纪念着在任何情况下都以自己的关心和劳动支持这个家庭的慈爱的老人:杨敏如的母亲,罗沛霖的岳母,孩子们的婆婆。她已于1992年96岁高龄去世。她的照片被放大后装进镜框中,挂在了客厅的墙壁上,面容和善,目光炯炯,她还在伴着儿女……

回顾过去走过的路,罗沛霖的脚步,从来也没有偏离过时代前进的轨迹,他是和祖国迈着同一步伐前进的。虽然年过八旬,但他的身体很好,精神也很好,他的心仍然是火热的,他还要一如既往地继续走下去,走下去……身边有杨敏如相伴,他更是感到了生活中有一股激情和力量,感到了人生的一种慰藉和美好。他们虽然都各有自己的事业,但每当疲劳的时候,常常是一起听一听音乐。他们心爱的那些唱片,在"文化大革命"中虽然全部被抄走了,但是现在,他们又都收集和录制起来,而且更加丰富,他们已经收集了上千盘磁带,整齐有序地摆放在罗沛霖自己打制的柜子里。罗沛霖的木工技术，在南开中学读书时，就已经在木工师傅那里打下了很好的基础，经过在干校的磨炼，又有了显著的提高。家里的不少桌椅，都出自罗沛霖之手，那别致的设计，精细的制作，每一件都堪称工艺珍品。

罗沛霖和杨敏如听的次数最多的歌曲，还是那首寄托了他们青春倾慕爱恋之情的《只一朵玫瑰花》，从罗沛霖在美国留学时制作，已经使用了五十年的扩音机中传出，更加显示出了这首歌曲的无比美妙……

2011年，罗沛霖逝世，享年98岁。

附　录

罗沛霖年表

- 1913　出生

  12月30日生于天津。

- 1914　1岁

  跟父母移居北京。

- 1920　7岁

  年初,插班入北京师范大学附小一年级。

- 1924　11岁

  随家返天津。

- 1925　12岁

  春,入天津河东行宫庙小学。夏,小学毕业,考入南开中学。

- 1927　14岁

    参加南开中学无线电社。是年，家庭为其包办订婚。

- 1931　18岁

    夏，中学毕业。考取上海交通大学。与杨敏如相识。

    九一八事变。参加罢课、宣传、募捐及请愿等活动。

- 1932　19岁

    一·二八日军侵入上海，学校停课，遂在清华大学注册借读约一月，俟交大复课即返校。

- 1934　21岁

    夏，钱学森在交大机械系毕业，考清华留美。暑假与其谈心，关于中国的政治问题，钱学森说只有革命才能解决，对其以后的人生道路影响很大。

- 1935　22岁

    夏，大学毕业，获工学士学位。谋求解除婚约未果，遂去南宁国民革命军第四集团军无线电厂，任少校技士。

- 1936　23岁

    春末，察觉可能发生第二次蒋桂战争，不愿卷入，遂返回上海，入中国无线电业公司任见习工程师。这一年如愿解除家庭包办婚约。

    创造电源变压器、声频变压器和附加直流的扼流圈的统一设计方法。

- 1937　24岁

    七七事变。8月日军进攻上海，代表公司青年技术人员向资方要求工厂内迁。12月,南京陷落。对国民党抗战失去信心,毅然辞职,前往西安,觅机赴延安。

◆ 1938 25岁

春,在西安八路军办事处受到林伯渠接见,让其去延安参观。在延安得晤王诤,决定留其在中央军委三局工作。

4月下旬,成立通信材料厂,任工程师,主管技术和生产。

◆ 1939 26岁

夏,陕甘宁边区形势紧张,组织决定分路疏散,遂被派往大后方。10月到重庆,受到董必武接见。此后即在徐冰领导下,与孙友余、周建南等一起做统一战线工作。

◆ 1940 27岁

协助章乃器办上川实业公司电机厂,建立秘密工作基地。组建青年科学技术人员协进会。

申请加入共产党,经董必武决定,仍留党外,做党外布尔什维克。

◆ 1941 28岁

1月,皖南事变发生,被重庆国民党当局列入黑名单。根据党组织决定,离开上川实业公司电机厂。

2月,与杨敏如结婚。

转入地下党领导的新机电公司。

中国工程师学会在贵阳举行年会,受党组织派遣赴会,宣读关于变压器等的论文,受到与会专家的好评。

回到上川实业公司,在机器厂主持机床设计与制造。

- 1942　29岁

　　5月，到中国兴业公司电讯厂即原中国无线电业公司，任工程师。

- 1943　30岁

　　5月，转入资源委员会中央无线电厂重庆分厂，任工程师。

　　参加中国电机工程师学会年会，提出压缩载波功率双边带体制。

- 1944　31岁

　　作为注册公司名义股东发起人之一，成立党领导下的企业中国工业原料公司。

- 1945　32岁

　　8月，抗日战争胜利。作为青年科技人员协进会的骨干，与李文采、张哲民一起受到毛泽东接见。

- 1946　33岁

　　2月，根据党组织指示，联络原青年科技人员协进会成员，成立中国建社，与李文采、张哲民同被推举为总务干事。

　　中国建社在美国开展活动，为留美科协的成立准备了条件。

　　代表中国建社参加中国科协成立会。

　　中央无线电器材厂更名为中央无线电器材公司，重庆分厂迁建为天津无线电厂。

- 1947　34岁

　　3月，全家由重庆到上海。5月，到天津无线电厂。夏，党组织指示设法赴美提高。但因当时尚未开放自费留学而未果。

- **1948　35岁**

  春，加州理工学院来函建议去读博士学位。5月，论文《逆电流稳压器及其理论分析》在美国《无线电工程师学会会报》发表。办理自费留学。9月成行，10月初到达美国。

- **1949　36岁**

  夏，获加州理工学院电机工程系研究生柯尔奖学金，并授予柯尔学者称号。秋，钱学森由麻省理工学院来加州理工学院任职，两人关系密切。12月，留美科学技术协会成立，被推举为加州理工学院支会负责人。

- **1950　37岁**

  当选科学技术人员荣誉会会员，授予金钥匙。

  夏，美军入侵朝鲜。遂决定回国不待修毕博士学位，导师索伦森教授建议并安排在暑假提前通过博士答辩。

  8月，放弃第二次授予的柯尔奖学金，乘船回国。途中，完成博士论文，寄给在美友人代办申请学位手续，于1952年被授予电工、物理、数学专业的特别荣誉衔哲学博士学位。

  9月抵京，进正在组建的电信工业管理局，任技术处长。

- **1951　38岁**

  夏，参加中国赴民主德国第一届贸易代表团。与民德谈判元件厂的筹建。

- **1952　39岁**

  2月，自民德回国。7月，成立元件厂筹备组，任组长。再赴民德谈判。

◆ 1953　40岁

8月，完成元件厂扩大的初步设计后回国。

◆ 1954　41岁

年初，华北无线电器材联合厂成立，改任筹备组副组长；7月，被任命为总工程师兼第一副厂长。当选为第一届北京市人民代表大会代表。

◆ 1955　42岁

兼任二机部第十局第十一研究所主任。

◆ 1956　43岁

当选为第二届北京市人民代表大会代表。

3月，参加《1956—1967年科学技术发展远景规划纲要》制定工作，任电子学组副组长，并承担编写《发展电子学的紧急措施》。3月24日，加入中国共产党。5月，中国电子学会筹备委员会成立，任秘书长。7月，调二机部第十局任副总工程师兼科研处处长。11月，在《人民日报》发表《发展电子学》长篇文章。

◆ 1957　44岁

任国家科委计算技术专业组和无线电技术与制造专业组副组长。5月，随同刘寅访问苏联。10月，随聂荣臻所率科学技术代表团访问苏联。

◆ 1958　45岁

在十局负责与基础及民品有关的科学技术工作，联系国家科委、科学院、大专院校，致力于密切产业界与科学界的沟通。

中国第一台超远程雷达的研制工作开始，任领导小组负责技术与协调的副组长。

◆ 1959　46岁

在超远程雷达总体会上阐明雷达判决的物理概念，提出了一系列提高雷达检测能力及二十五米天线反射体结构的设想。

◆ 1961　48岁

转任三机部第十总局第二工业局局长，即又转任第十总局副总工程师。

◆ 1962　49岁

参加在广州召开的科学技术发展规划工作会议，任电子学组组长。4月，中国电子学会成立，当选为常务理事及副秘书长；在学术年会上宣读论文《雷达信息理论的若干含义》。应聘为北京工业学院重点进修教师导师。

◆ 1963　50岁

四机部成立，任科技司副司长。代理主持全国电子技术规划会议。年底，赴古巴，应格瓦拉要求协助规划古巴电子工业建设。

◆ 1964　51岁

当选为第三届全国人民代表大会代表。6月，率团赴英国、瑞士参观考察。倡议并主持电子工业部微型化技术发展会议。

◆ 1965　52岁

参加北京电子管厂四清工作队，任党委委员、副队长。

- 1966　53岁

  5月，回机关参加"文化大革命"。

- 1968　55岁

  5月，被隔离审查。

- 1969　56岁

  4月，解除隔离审查。9月，赴河南叶县干校劳动。

- 1972　59岁

  4月，回四机部，任科技局副局长。

- 1973　60岁

  2月，参加负责组织王净主持的电子装备三结合座谈会。

  参与召开全国计算机技术专业会议。主持中国第一个大型计算机系列和第一个小型计算机系列研制工作。

- 1974　61岁

  主持中国第一台半导体化电视机的联合研制工作。

- 1975　62岁

  当选为第四届全国人民代表大会代表。

- 1976　63岁

  代表四机部主持研制331卫星通信地面站工程的协调工作。

- 1978　65岁

  国家科委电子科学技术学科专业组成立，任副组长。

  当选为第五届政协全国委员会委员。

  4月，参加中国电子学会访问国际电气电子工程师学会代表团，赴美考察。7月，作为中国国际电工协会国家委员会代表团副团长赴意大利参加国际电工协会年会。12月,《技术科学与四个现代化》一文在《人民日报》发表。

◆ 1979　66岁

当选为中国计量与测试学会副理事长。

作为国际电气电子工程师学会特邀代表,应邀作《中国电子科学技术进展》报告。应聘为《中国科学》《科学通报》编委。当选为中国标准化协会副理事长。

《关于直接逻辑判断原理应用于改进多位加法运算的设想》一文在《电子计算机技术》发表。

◆ 1980　67岁

作为中美科技合作委员会中方成员,在方毅领导下,与美方会谈,确定了双方官方的第一个关于微电子学术讨论会的项目。

被任命为四机部(后改电子工业部)科学技术委员会副主任。任中国系统工程学会理事。当选为中国科学院学部委员(1994年改称院士)。

与王攻本合作论文《超高速二进位加法器硬件算法的逻辑论推及可能的应用》在《中国科学》发表。

◆ 1981　68岁

任中国科学院技术科学部常务委员、计算机分学科组组长、电子学学科组副组长。

作为第一届中美科学技术合作委员会委员,随同方毅赴美参加中美科学技术合作委员会会议。

作为中方代表参加联合国在荷兰召开的发展中国家采用新

技术研讨会。

6月，参加薄一波召开的机电工业专家座谈会，作关于政企分离的必要性及具体实施步骤和必须加强生产科技与管理的发言。

◆ 1982　69岁

从电子工业部科技局副局长岗位退下。

10月，在中国电子学会第三届年会上作中心报告《电子与现代信息产业的九十九年》。任中国电子学会理事、学术委员会主任委员。

◆ 1983　70岁

当选为第六届政协全国委员会委员。当选为中国电子学会首批特级会员（会士）。

任《中国大百科全书·电子学与计算机卷》编委会副主任。

任北京理工大学名誉教授。

◆ 1984　71岁

作为中国科协代表，前往美国亚特兰大参加中国古代科技成就展开幕式；应邀在弗吉尼亚大学作计算机超高速算术单元的报告；在纽约国际电气电子工程师学会总部商定成立北京分部事宜。《从科学技术体系的形成探讨我国科学体系的发展》一文在《科学学研究》发表。兼任北京大学教授。

◆ 1985　72岁

当选为国际电气电子工程师学会特级会员（会士）。

中国科学院授予从事科学五十年奖状。任成都电子科技大学兼职教授。

《论大信息业》一文在《电信科学》发表。

7月，国际电气电子工程师学会北京分部成立，当选为第一任主席。国际电气电子工程师学会当任会长埃尔登等到会祝贺，并颁授其国际电气电子工程师学会建会百年纪念勋章。

◆ 1986　73岁

在计算机及应用国际学术讨论会上宣读论文《超高速运算单元》。

◆ 1987　74岁

偕夫人杨敏如访问美国，作关于中国电子与计算机科学技术进展报告。

◆ 1989　76岁

当选为第七届政协全国委员会委员。

5月，倡议并主持了人工神经网络座谈会，促成国内成立中国人工神经网络筹备委员会。

◆ 1990　77岁

10月，出席北京国际信号处理学术会议，任大会主席。12月，中国首届人工神经网络大会在北京召开，任大会主席。

任西安电子科技大学名誉教授。列传于美国传记学社《国际杰出领头人名录》。

◆ 1991　78岁

参加在旧金山主办的国际电子制造工艺学术讨论会，进行学术交流。任桂林电子工业学院名誉教授。

《跨进21世纪的先进文化技术系统》一文在《中国科技论

坛》发表。

- ◆ 1992　79岁

列名于美国工程学会联合会编《工程师名人录》及《美国男女科学家名人录》。在中国电子学会第四届年会上作电子学进展的综述发言，文章《关于电子技术革命跨世纪时期的形势》发表于《应用科学学报》。在中科院学部委员大会技术科学分会宣读论文《科学技术环节的选择》，刊于大会论文集，后转载于《中国科学报》。

4月，参与倡议成立中国工程院，并执笔撰写《关于早日建立中国工程与技术科学院的建议》。

- ◆ 1993　80岁

任东南大学名誉教授、云南大学教授兼校务委员会副主任。

《跨三个世纪的文化产业革命》一文在《经济与信息》发表。

- ◆ 1994　81岁

《文化消费产业革命与信息高速公路》一文在《新闻传播研究》发表。

5月，中国工程院成立，当选第一届院士，并选入主席团。

- ◆ 1995　82岁

任国防科技大学兼职教授。

《先进的电子文化系统与文化领域新产业革命》一文，收入《世纪之交——与高科技专家对话》一书。

《对新产业革命的再探讨——新产业革命带我们进入文化牵

引经济的时代》一文,刊于中国工程院第二次院士大会论文集。

列传于英国国际传记中心(剑桥)《国际知识名人录》。

◆ 1996 83岁

任南京大学兼职教授。

列传于英国国际传记中心(剑桥)《前列500人名录》。

◆ 1997 84岁

2月,论文《为加速科技成果的转化进一言》在《中国科学报》发表。3月,论文《当代新产业革命与文化发展牵引经济的未来社会》收入周光召、朱光亚主编的《共同走向科学——百名院士科技系列报告集》一书中。10月,论文《信息社会走向终极——文化经济时代在逼近》在《中国电子报》发表。

◆ 2000 87岁

中国工程院授予2000年度中国工程科技奖。

◆ 2001 88岁

7月,在中国电子学会学术年会上做报告《再一次讨论文化信息命题,电子在推动走近文化业时代》。

◆ 2003 90岁

《罗沛霖文集》出版。9月,在中国科学技术协会学术年会上做主场报告《信息时代的来龙去脉和后因特网时期》。

◆ 2004、2005 91~92岁

编辑诗词稿本《知无涯室习韵》和《绿窗书屋》。

◆ 2006 93岁

10月,做客《腾讯科技》院士访谈栏目,漫谈科技发展史和科技创新。

◆ 2008　95岁

6月，参与撰写论文《直接与亚直接逻辑原理在极高速运算中的应用》在《前沿科学》发表。12月，参与撰写论文《混合式可重构数字多核并行处理器平台》在《前沿科学》发表。

◆ 2009　96岁

8月，采访文《我们要牵手走过100》在《人文月坛》发表。

9月，《我们催生了中国工程院》一文在《光明日报》发表。

◆ 2011　98岁

4月17日逝世，享年98岁。

（京）新登字083号

图书在版编目（CIP）数据

罗沛霖传／冉淮舟著. —北京：中国青年出版社，2015.10
（共和国科学拓荒者传记系列／伍献军主编）
ISBN 978-7-5153-3898-9

Ⅰ.①罗… Ⅱ.①冉… Ⅲ.①罗沛霖（1913～2011）—传记 Ⅳ.①K826.16

中国版本图书馆CIP数据核字（2015）第241633号

策　　划：王钦仁　方小玉
责任编辑：方小玉
装帧设计：刘　凛

出版发行：中国青年出版社
社址：北京东四12条21号
邮政编码：100708
网址：www.cyp.com.cn
编辑部电话：（010）57350503
门市部电话：（010）57350370
印刷：三河市京兰印务有限公司
经销：新华书店

开本：710×1000　1/16
印张：14.5
插页：2
字数：140千字
版次：2016年2月北京第1版
印次：2016年2月河北第1次印刷
定价：25.00元

本图书如有印装质量问题，请凭购书发票与质检部联系调换
联系电话：（010）57350337